INSTITUT ROYAL DE FRANCE.

DES CAUSES

QUI ONT INFLUÉ

SUR

LA MARCHE DE LA CIVILISATION

DANS LES DIVERSES CONTRÉES DU GLOBE;

PAR M. PASSY;

Lu dans les séances des 21 octobre 1843, 30 mars et 6 avril 1844.

(EXTRAIT DU TOME V^e DES MÉMOIRES DE L'ACADÉMIE DES SCIENCES MORALES ET POLITIQUES.)

PARIS,
TYPOGRAPHIE DE FIRMIN DIDOT FRÈRES,
IMPRIMEURS DE L'INSTITUT, RUE JACOB, 56.

1847.

INSTITUT ROYAL DE FRANCE.

DES CAUSES

QUI ONT INFLUÉ

SUR

LA MARCHE DE LA CIVILISATION

DANS LES DIVERSES CONTRÉES DU GLOBE;

PAR M. PASSY;

Lu dans les séances des 21 octobre 1843, 30 mars et 6 avril 1844.

(EXTRAIT DU TOME V^e DES MÉMOIRES DE L'ACADÉMIE DES SCIENCES MORALES ET POLITIQUES.)

Les sociétés humaines ont rencontré des fortunes très-diverses. S'il en est qui sont arrivées à un haut degré de civilisation, les autres, en plus grand nombre, ont marché d'un pas moins rapide, et quelques-unes même végètent encore sous le poids des misères de l'état sauvage.

D'où viennent de telles différences dans le sort des diverses fractions de l'humanité? Pourquoi n'ont-elles pas toutes acquis les mêmes lumières, déployé la même industrie, recueilli les mêmes prospérités? Ces questions ont été fréquemment agitées; mais quelque attention qu'elles aient obtenue, elles sont loin d'être suffisamment éclaircies, et des doutes continuent à planer sur leur véritable solution.

Ainsi, la plupart des écrivains du siècle dernier n'ont vu, dans la diversité des conditions sociales, que l'effet du jeu même de la liberté humaine. Aux nations, affirment-ils, a été laissé le soin de régler leur avenir. C'était à elles à rester fidèles à la raison, à ne s'imposer que des lois conformes à la sagesse et à l'équité : or, toutes n'ont pas été également bien inspirées ; celles qui se sont trompées en ont porté la peine, et des obstacles de leur propre création sont venus troubler, ralentir ou suspendre le cours de leurs progrès.

D'autres, au contraire, n'ont tenu aucun compte du hasard des déterminations législatives. A leur avis, tout, dans la destinée des peuples, a dépendu de conjonctures sur lesquelles les volontés sociales n'ont que peu ou point de prise. Les degrés de latitude et de chaleur, les positions géographiques, les qualités et la configuration du sol, voilà les faits dont le concours a décidé du caractère, des formes, du développement plus ou moins rapide des civilisations.

De nos jours, une troisième opinion a été vivement soutenue. Au dire de ceux qui la professent, l'espèce humaine n'est pas identique dans toutes ses parties. Elle se compose de branches distinctes, parmi lesquelles il en est de mieux douées que les autres ; et si les sociétés n'ont pas atteint le même point de savoir et de puissance, c'est que chacune d'elles n'a pu avancer que dans la mesure des facultés départies à la race dont elle est issue.

Ce sont ces opinions que nous allons examiner. Constater ce qu'elles peuvent contenir d'erreur ou de vérité, voilà le but que nous nous proposons, et peut-être nos investigations jetteront-elles un peu de jour sur un sujet dont les complications ont été si fécondes en incertitudes.

Et d'abord, existe-t-il entre les races humaines des inégalités natives d'intelligence et de raison ? Telle est la première question à résoudre ; car, si elle était décidée affirmativement, toute recherche ultérieure deviendrait superflue. Qu'importerait, en effet, de savoir à quel point les circonstances physiques ou les arrangements sociaux ont pu influer sur le sort des peuples, s'il est démontré que ces peuples ne sont pas également capables de progrès. A côté d'un fait aussi considérable, tous les autres ne seraient que secondaires : il y aurait des nations condamnées à une infériorité dont il leur serait interdit de se relever, et les distances qui séparent aujourd'hui les différentes sociétés trouveraient leur principale explication dans la diversité des origines et des filiations.

Mais il s'en faut de beaucoup que le fait ait la réalité qu'on lui prête, et de bonnes raisons autorisent à ne le tenir ni pour vrai ni même pour possible.

Ce qui distingue l'homme entre toutes les autres créatures, c'est la raison et perfectibilité. Sous l'enveloppe mortelle qui le couvre, réside un principe spirituel, une âme impérissable, dont la nature, une et simple, comme sa source divine, ne saurait être passible de différences constitutives. Aussi, attribuer aux races humaines des degrés particuliers d'intelligence et de moralité, est-ce supposer ou que, chez toutes, le principe spirituel n'est pas de même essence et de même origine, ou que, chez toutes, les organes à l'aide desquels il entre en communication avec le monde extérieur ne lui transmettent pas avec la même rectitude, ou dans la même étendue, les notions qui déterminent son activité. La première de ces suppositions est inadmissible; la seconde, plus spécieuse au premier aspect, ne résiste pas non plus à l'examen. En effet, il n'en est pas des agrégations sociales comme des individus qui les composent. Si ceux-ci diffèrent en qualités intellectuelles ou physiques, c'est que l'œuvre collective à laquelle tous sont destinés à concourir ne s'accomplit que grâce à l'inégalité des aptitudes individuelles, et que les plus faibles trouvent, dans la puissance et les lumières publiques, la direction et l'appui dont ils ont besoin. Dans cette inégalité même a été placée la source de la prospérité commune. C'est elle qui, en amenant dans les occupations la séparation la plus favorable au perfectionnement du travail, a permis à la richesse de croître et de s'amasser au profit de tous; c'est elle qui, en élevant le petit nombre au-dessus des masses, l'a mis en possession des connaissances sans lesquelles il n'eût pu les éclairer et les entraîner dans les voies de la civilisation. Ordre civil et politique, sûreté des biens et des personnes, science, bien-être, tous les avantages dont jouit l'humanité en sont le fruit et ne pouvaient provenir d'une autre source. Les sociétés, au contraire, ont leur vie et leur indépendance propres. Chacune d'elles forme un ensemble souverain et complet; toutes ont la même tâche à poursuivre, les mêmes fins à atteindre, et de là, la nécessité que toutes soient capables de saisir et de comprendre des vérités dont la pratique est indispensable, non-seulement à l'accomplissement de leur destinée, mais à leur conservation.

On ne s'explique pas même, en y regardant de près, comment du sein de races frappées d'infériorité originelle auraient pu sortir des sociétés viables. C'est la distinction du bien et du mal, qui, en imposant aux hommes des devoirs respectifs, leur a permis de se rapprocher et de s'entendre; et cette distinction a sa mesure dans l'étendue des facultés de l'esprit. Supposez des populations privées de quelques-unes des forces de l'intelligence, elles n'auraient pas été en état de discerner assez complétement les conséquences de leurs actes pour en tirer les règles dont l'existence sociale exige l'observation, et, dénué des lumières qui affermissent son empire, le sens moral, chez elles, n'eût pas suffi à l'établissement de l'ordre et des lois. Voyez combien d'erreurs ont commises, dans leur enfance, les nations maintenant les plus prospères! N'est-ce pas là une preuve convaincante qu'il ne leur a pas fallu moins que la dose de raison dont elles étaient douées, pour échapper à la barbarie primitive et parvenir à se constituer sous des règles qui obtinssent l'assentiment commun.

Au surplus, ce qui lève tous les doutes, c'est qu'il n'est pas de race, pas de peuple, pas de communauté qui ne soit perfectible. Or, la perfectibilité n'est pas une de ces forces dont l'activité puisse rencontrer un terme ou s'épuiser à mesure qu'elle s'exerce. Du moment où la perfectibilité existe, c'est à la condition de durer autant que les facultés mêmes dont elle est l'attribut, et de n'avoir d'autres limites que celles du champ accessible aux conquêtes de l'intelligence humaine; aussi, quelque petit que soit le pas fait par la tribu la plus arriérée, ce pas suffit pour attester qu'elle est à même d'en faire d'autres, et qu'il ne lui faudrait que des conjonctures propices pour continuer sa route et s'élever de proche en proche à toutes les grandeurs de l'état social.

En pareille matière, on ne saurait tenir trop de compte

du fait de la perfectibilité. C'est le fait décisif, le fait suprême. En lui se trouve la garantie irrécusable que toutes les fractions de l'humanité, quelle que soit leur condition présente, n'en sont pas moins également éducables, également capables de lumières et de progrès.

Assurément nous n'ignorons pas quelles inductions des physiologistes éminents ont tirées des différences de couleur et de conformation qui subsistent entre les diverses fractions de l'humanité; mais quand bien même il serait prouvé que ces différences sont originelles, ne resterait-il pas, pour attester l'unité de l'homme, dans l'ordre physique, le grand fait de la reproduction continue des générations issues du mélange des races en apparence les plus dissemblables, et, dans l'ordre intellectuel et moral, l'identité des lois de la conscience, qui, chez tous les peuples, comme à tous les degrés de culture, font prévaloir le bien sur le mal, et, suivant l'expression de Buffon, produisent partout les mêmes vertus, les mêmes passions, les mêmes espérances, les mêmes craintes. Par quelque côté qu'on étudie cette question, il faut toujours en revenir à l'opinion de Beattie : ou l'âme du nègre est une âme humaine, ou la nôtre n'en est pas une (1).

---

(1) Ce n'est qu'avec une extrême réserve que nous nous permettrions d'énoncer un avis sur les opinions qui divisent les physiologistes. Certes, nous n'arriverons jamais à constater scientifiquement ni comment ni en quel nombre les premières familles ont paru sur la terre; mais nous remarquerons que les recherches les plus récentes ont rendu tout l'avantage à la pensée exprimée par Buffon : « L'homme blanc en Europe, noir en Afrique, jaune en Asie et rouge en Amérique, n'est que le même homme teint de la couleur du climat. » Ainsi, notre savant confrère le docteur

Quoi qu'il en soit, l'histoire même attesterait, au besoin, combien peu est fondée l'opinion que, parmi les diverses

---

Lelut, dans un mémoire sur le développement du crâne, comme dans son *Traité de l'organologie phrénologique*, a montré sur quelles erreurs de fait repose le système du docteur Gall, qui fait des formes extérieures de l'enveloppe cérébrale la règle des forces intellectuelles et des penchants de l'âme. D'un autre côté, M. Flourens, dans les belles recherches sur la structure de la peau dans les diverses races humaines dont il a donné communication à l'Académie des sciences dans la séance du 21 août 1843, et plus récemment dans un article sur les variétés de l'espèce humaine et l'unité de l'homme, inséré dans le *Journal des Savants* (février 1844), a démontré que les diverses nuances du coloris de la peau résultent du développement que sous l'influence de climats différents, acquiert un germe, le pigmentum, également déposé chez toutes les races, et en a conclu sans hésiter en faveur de l'unité de l'espèce humaine. Il nous siérait peu d'énoncer un avis après les maîtres de la science; mais rien ne nous semble avoir jusqu'ici infirmé l'opinion que les particularités de couleur et de conformation propres aux populations réparties sur le globe, sont dues à la diversité des climats, des régimes, des occupations, des modes d'existence. En ce qui concerne la structure osseuse du crâne, comme il est constaté que le développement des organes subit l'influence du genre et du degré d'activité auxquels les organes sont soumis, il devient vraisemblable que le cerveau a dû prendre plus d'extension chez les nations avancées, où l'enfance même est appelée à des labeurs d'esprit continus, que chez celles où l'intelligence est moins cultivée. Au surplus, les phrénologistes vont bien plus loin, puisqu'ils croient à des modifications partielles du crâne amenées par les différents genres d'application intellectuelle. Entre autres preuves qu'ils citent à l'appui de leurs assertions, ils mentionnent le célèbre calculateur anglais Georges Bidder, dont la tête, moulée à des époques successives de sa vie, aurait subi des changements extérieurs occasionnés par les directions nouvelles que reçurent ses études. Ils affirment aussi que semblable fait se serait reproduit chez l'un branches de la famille humaine, il en est de privilégiées par naissance. A des nations de la souche dite caucasienne appartient aujourd'hui le premier rang dans le monde. Voici plus de vingt siècles que toutes les découvertes, toutes les inventions qui ont enrichi la civilisation sont leur ouvrage; mais la race caucasienne, tout entière, n'a pas pris part à ces utiles conquêtes ; elles ne sont dues qu'à un petit nombre

---

de nos confrères les plus regrettés, le célèbre docteur Broussais. Nous ne nous portons pas garants de l'exactitude de ces observations.

Une des raisons qui nous font incliner cependant à croire à l'influence manifeste du genre de vie sur le développement de la région cérébrale, c'est qu'aux époques où coexistaient sur le même sol des classes sociales fortement séparées par le rang, les occupations, les lumières, tout annonce que cette opinion avait cours et se fondait sur l'observation. Ainsi, tandis que les artistes de l'antiquité avaient soin de donner aux héros, aux grands personnages, aux dieux qu'ils représentaient dans leurs œuvres, des fronts élevés et largement dessinés, ils en prêtaient de déprimés aux esclaves, aux hommes de peine et de travail.

Au moyen âge, il en était de même, et ce ne sont pas seulement les monuments de la peinture et de la sculpture qui en font foi. Il en subsiste un témoignage formel : c'est le Rosier des guerres, ouvrage attribué au roi Louis XI, mais mis en lumière par le sire d'Espagnet. Il n'y a qu'à lire la description des signes extérieurs auxquels se reconnaissent le chevalier sage, le chevalier hardi et le chevalier fort, pour se convaincre de l'empire qu'exerçait encore, vers le milieu du XVe siècle, l'idée que la conformation de la tête offrait un indice certain de l'aptitude des individus. On ne peut induire rien de bien précis de la longue existence de telles croyances ; mais elles contribuent à rendre probable l'opinion que, comme les différences de couleur de la peau, les différences d'angle facial chez les peuples sont dues au concours de quelques circonstances accidentelles.

des peuples qui en descendent, et ce n'est que dans un seul coin du globe qu'elles se sont accomplies. En Europe même, la plupart des populations qui habitent les vastes régions du Nord et une partie de celles de l'Est, n'ont nullement contribué au perfectionnement des arts et de l'industrie : ce qu'elles savent, elles l'ont appris des sociétés de l'Occident, et ne leur ont rien rendu encore en échange des lumières qu'elles en ont reçues.

En Asie, où elle tient tant de place, la race caucasienne n'a pas déployé non plus la supériorité qu'on lui décerne. Au pied même des montagnes dont elle a tiré son nom, là où s'en est conservé le type le plus pur, les populations les plus renommées pour la beauté de leurs formes, sont demeurées à demi barbares, et, chez elles, l'ordre social n'a pris que des développements imparfaits. De même, l'Arabe dans ses déserts, le Turcoman au sein des steppes qu'il parcourt sans cesse, sont restés ce qu'ils étaient dès les âges les plus reculés; et s'il faut admettre qu'une partie des peuples répandus sur le littoral africain de la Méditerranée, comme ceux qui s'étendent jusqu'aux frontières orientales de l'Inde, sont aussi de race caucasienne, il s'ensuit que cette race, outre une multitude de nations stationnaires, en compte quelques-unes qui se sont laissé devancer par des nations d'une tout autre origine.

De tels faits suffiraient pour décider la question. S'il existait une race véritablement douée de quelque prééminence d'organisation, un avantage si considérable aurait constamment porté ses fruits. Partout, les peuples de cette race auraient pris un essor d'une rapidité particulière; partout aurait éclaté leur supériorité naturelle; partout, ils auraient laissé loin derrière eux ceux des peuples de lignage différent qui vivent sous des conditions de sol et de climat à peu près pareilles.

Une dernière observation ne doit pas être omise. Chez les races qu'on suppose les moins bien partagées ne devraient se rencontrer que des individus incapables des travaux et des succès qui, parmi les populations des souches caucasiennes, ne sont accessibles qu'aux intelligences d'élite. Or il n'en est assurément rien. Les victoires des Attila, des Gengis, des Tamerlan, attestent suffisamment que ces terribles conquérants ne manquaient d'aucune des grandes qualités que requièrent l'art de la guerre et l'exercice du commandement. De même, au nombre des livres de la Chine, il en est qui témoignent chez leurs auteurs une puissance de raison et de réflexion rare dans tous les pays; enfin, parmi le peu de noirs que des accidents heureux ont appelés aux bienfaits de l'instruction, quelques-uns ont fait preuve d'une capacité distinguée. Les Amo, les Equiano, n'étaient pas des esprits vulgaires; et il y aurait une étrange injustice à contester que le principal chef de l'insurrection de Saint-Domingue, Toussaint Louverture, ait été l'un des hommes les plus remarquables de notre siècle.

Nous laisserons donc à l'écart toutes les hypothèses fondées sur la supposition que la famille humaine, au lieu d'être identique dans toutes ses fractions, compte des races inégalement douées d'intelligence et de raison. Cette supposition, si peu conforme à tout ce que nous pouvons pénétrer des desseins de la bienveillance divine, aurait besoin, pour prévaloir, de l'appui de justifications nombreuses, et, loin de la confirmer, les faits les plus considérables la démentent.

Maintenant, à quelles causes faut-il attribuer réellement l'inégalité des progrès accomplis par les sociétés humaines? A des causes de deux sortes : les unes accidentelles, mobiles, passagères, émanant de l'action des sociétés sur elles-mêmes; les autres durables, permanentes, d'une puissance décisive, tenant à l'ensemble des circonstances physiques propres aux diverses contrées. Nous allons les examiner successivement, et tâcher d'en préciser la portée et les effets.

La liberté humaine n'est pas un vain mot. Les sociétés ont à statuer sur des intérêts nombreux et divers : il leur faut des gouvernements, des pouvoirs, des institutions qui maintiennent l'ordre dans leur sein, et par cela même qu'elles agissent en pleine indépendance, sur elles pèse la responsabilité de leurs actes. Autant des règles conformes à la justice hâtent et facilitent leurs effets, autant des règles iniques ou défectueuses peuvent y apporter d'entraves. Aussi n'est-il pas une des lois qu'elles acceptent qui, suivant le degré de sagesse ou d'erreur qui l'a dictée, n'influe en bien ou en mal sur leur avenir. Mais quelque empire qui leur appartienne, les prescriptions législatives ne décident pas seules du sort de l'humanité : à côté, au-dessus d'elles, subsistent d'autres prescriptions, et celles-ci viennent de trop haut pour laisser attenter à leur autorité.

On a vu des populations ployer et dépérir sous le joug oppressif de maîtres étrangers, et se borner à maudire des lois qu'elles n'avaient pas la force de rejeter. C'est là un de ces accidents qui altèrent partiellement le cours ordinaire des choses; mais les nations indépendantes, les nations qui ne relèvent que de pouvoirs émanés de leur propre sein, ne rencontrent pas dans les codes qui les régissent de résistances qu'elles ne viennent à bout de vaincre ; et s'il en est tant qui continuent à vivre sous des institutions dont le vice est distinct pour d'autres nations plus avancées, c'est que des obstacles étrangers à leur volonté les ont empêchées d'arriver au point de maturité qui leur en eût fait sentir les inconvénients.

Croire à la toute-puissance des réglementations sociales; imaginer qu'il soit possible aux peuples de se garrotter de liens dont ils ne puissent plus s'affranchir, c'est se méprendre, et sur l'origine des lois, et sur la nature des faits qui en déterminent le caractère.

Les lois et les institutions ne sont pas le fruit accidentel de volontés arbitraires. Elles ont leur source dans les notions instinctives du bien que l'homme se sent moralement obligé de réaliser dans ses actes; elles n'en sont, dans la mesure des lumières du temps, que l'application aux faits sociaux, et il s'ensuit qu'elles changent toutes les fois que, grâce aux progrès de l'esprit humain, les notions qui leur ont donné naissance s'étendent ou se rectifient. Il est des institutions qu'on accuse de condamner les sociétés à l'immobilité, et qui semblent, en effet, pervertir les intelligences, altérer et fausser les consciences. Eh bien, examinez ces institutions, vous n'en trouverez pas une qui n'ait régné, dans toute sa rigueur, chez les nations aujourd'hui les plus libres et les plus florissantes. Esclavage et polygamie, division par castes, hiérarchies sacerdotales et nobiliaires, toutes ces créations, toutes ces formes des âges de barbarie, ont été le partage de l'Europe; toutes y ont subsisté durant de longs siècles, et toutes y ont succombé successivement devant les exigences d'une civilisation croissante. Il y a plus : les institutions qui obtiennent le plus d'empire, celles qui s'emparent des sentiments les plus intimes et les plus élevés de notre nature, les institutions religieuses, y ont subi de nombreuses vicissitudes. Les unes ont péri, les autres se sont transformées, et le mouvement ascendant des idées, des opinions et des mœurs a constamment réagi sur leur destinée. C'est qu'en laissant aux sociétés une part d'influence sur leur propre sort, la Providence s'en est réservé une plus grande encore. Elle a voulu que l'humanité crût en puissance et en sagesse, et elle l'a faite perfectible. En la douant de penchants dont l'impulsion l'empêche de s'écarter de son véritable but, elle lui a donné aussi des facultés dont le développement la conduit à corriger les erreurs qu'elle peut commettre; et pour assurer ce développement, elle a semé, sur certains points de la terre, des incitations à l'énergie desquelles les populations se sauraient résister.

Rien, dans ces observations, n'a pour but de contester l'influence exercée par les législations. Cette influence, au contraire, nous la tenons pour réelle; seulement, nous n'admettons pas qu'elle soit souveraine, et nous marquons ses limites. Avant que les peuples se donnassent des lois, des causes naturelles, des causes dont les unes ont leur siége dans des circonstances de l'ordre physique, les autres, dans l'homme lui-même, avaient provoqué les progrès qui en révélèrent la nécessité. Ces lois établies, les causes qui les avaient enfantées ne cessèrent pas d'opérer, et des progrès nouveaux vinrent réclamer des lois nouvelles. Ce qui a rendu si différente la durée des institutions qui, dans l'origine, furent partout les mêmes, c'est, comme nous le montrerons dans la suite de cet écrit, que tous les pays ne sont pas également favorables au développement des lumières et de l'activité sociales, et qu'il en est même où manquent la plupart des conditions sans lesquelles la civilisation ne saurait avancer d'un pas rapide et sûr.

Comme c'est en Europe que la civilisation a pris le plus vif essor, c'est en Europe aussi que les institutions ont subi les réformes les plus fréquentes. A des temps où elles étaient à peu près uniformes chez les nations de l'Occident et du Midi, en ont succédé où, par l'effet de révolutions qui ne se sont pas accomplies chez toutes, d'immenses différences se sont introduites dans l'organisation des pouvoirs et les règles en usage. Eh bien, il est à remarquer que c'est dans la première période que ces nations ont marché du pas le moins égal. Plus tard, au contraire, sciences, industrie, richesse, tout ce qui donne la mesure des avantages acquis, s'est élevé au même niveau en France, en Allemagne, en Angleterre, en Italie. Devant la communauté des lumières se sont atténuées la plupart des inégalités que la diversité des systèmes civils et politiques semblait devoir conserver ou produire; et chaque progrès de l'esprit humain y a restreint la portée et l'effet de la dissemblance des principes et des formes d'administration et de gouvernement.

Hors de l'Europe, l'humanité est stationnaire. Voici des milliers d'années que les nations de l'Asie ont cessé d'avancer. On l'impute aux institutions qui les régissent, comme si ces institutions ne se défendaient pas du reproche par leur diversité même. Où trouver en effet des lois qui se ressemblent moins que celles qui régissent l'Inde, la Chine, le Thibet, la Perse? Et cependant, dans toutes ces contrées, la civilisation a également suspendu sa marche. Un fait si considérable est significatif : car il atteste pleinement que des causes indépendantes des formes sociales y sont un obstacle au progrès, et que les populations n'y ont gardé les vêtements de leur enfance que faute d'avoir rencontré, sur le sol qu'elles occupent, les moyens de développement dont l'usage les leur eût rendus incommodes.

Nulle part, les inconvénients résultant de certaines institutions ne se manifestent plus distinctement que dans les contrées soumises à l'islamisme. A l'époque de sa promulgation, le Coran fut un bienfait pour la plupart d'entre elles, et de là l'enthousiasme qu'il excita, comme les vastes et rapides conquêtes des peuples qui s'empressaient de l'adopter. Mais le Coran, malheureusement pour ses sectateurs, n'était pas uniquement le formulaire d'un culte : c'était aussi un code civil et politique dont les injonctions, revêtues de la sanction religieuse, ne pouvaient pas se prêter à des innovations nécessairement profanes. Le Coran avait un autre tort non moins grave : en érigeant le fatalisme en dogme saint, il désintéressait en quelque sorte les musulmans des soins de l'avenir, et les livrait à la merci d'événements dont Dieu s'était réservé le secret et, seul aussi, avait droit de diriger le cours. Mais il importe de le remarquer : le Coran, précisément à raison des limites étroites qu'il imposait au développement social, n'a prévalu que chez des nations arriérées et dès longtemps stationnaires. Vainement fut-il présenté aux populations vaincues de la Grèce et de l'Asie Mineure, elles lui refusèrent leur foi ; et peut-être la race conquérante elle-même n'y demeura-t-elle fidèle, dans son nouveau séjour, qu'à cause des victoires remportées en son nom, et des satisfactions orgueilleuses attachées à l'étendue de la domination devenue son partage. Du moins est-il constant que la nation turque a senti chanceler ses anciennes croyances, du jour où ses grandeurs ont eu atteint leur terme. Aujourd'hui que de nouvelles défaites lui ont appris que les prescriptions du prophète ne suffisent pas à sa défense, elle appelle de toutes parts les lumières qu'elle a tant dédaignées, et si l'Europe lui laisse le temps de les achever, des réformes successives viendront courber ses lois les plus respectées sous les exigences d'une régénération dont la nécessité est devenue distincte.

Dans tous les cas, ce qu'on peut affirmer, c'est que jamais l'islamisme n'aurait pu jeter de profondes racines sur le sol de l'Europe occidentale et centrale. Là, trop de causes pressent les populations d'étendre leur activité, pour qu'elles eussent pu s'accommoder des entraves qu'il leur eût imposées; elles les auraient brisées pour se ranger sous une loi mieux appropriée aux besoins de vie et de mouvement qu'elles ressentent. Les réformes dont leurs vieilles institutions ont été tour à tour l'objet ne laissent aucun doute à cet égard.

Ainsi, l'esclavage a disparu du sein des sociétés avancées de l'Europe, sans autre cause de ruine que le progrès naturel des connaissances et du travail. Ce ne sont pas les lois qui vinrent tout d'un coup l'abolir, c'est le temps qui en a usé, affaibli les liens; et le jour est venu où, d'une sorte de consentement commun, l'ancien serf de glèbe s'est trouvé en possession d'une liberté non moins profitable à ses anciens maîtres qu'à lui-même. Un fait également remarquable, c'est le peu de durée de la polygamie dans les parties de l'Europe où elle subsista. Les races qui, dans les temps les plus reculés, peuplèrent la Grèce et l'Italie, celles qui envahirent les Gaules et la Germanie, sortaient de régions où la polygamie était en usage. A peine furent-elles installées dans leurs nouveaux séjours, que le mariage devint pour elles une institution qui ne cessa de s'épurer et de se fortifier. C'est que tout, dans les modes d'existence que leur commandaient les circonstances de climat et de lieu au sein desquelles elles s'étaient placées, les appelait à sentir le prix de l'ordre et de la sécurité domestiques. Des mobiles dont elles n'avaient pas encore connu l'impulsion, imprimaient à leurs idées, comme à leurs actes, une direction plus tutélaire, et elles ne tardèrent pas à renoncer à une coutume dont les inconvénients mettaient obstacle au succès de leurs efforts.

Nous le répéterons : les lois, les institutions, tous les accidents nés de la diversité des fortunes et des combinaisons humaines, ont leur part d'influence sur le sort des sociétés : il leur est permis d'en contrarier, d'en ralentir, d'en gêner les progrès ; mais là se borne leur pouvoir. A des faits d'un tout autre ordre appartient un empire plus constant et plus étendu. C'est ce que nous comptons démontrer.

Qu'on ne s'attende pas, cependant, à trouver rien d'absolument neuf dans les idées qui vont être énoncées. De tout temps, les peuples se sont aperçus que tous les pays n'offraient pas à leurs habitants les mêmes avantages, et l'histoire atteste avec quelle ardeur ils se sont disputé la possession de ceux qu'ils croyaient les plus riches en éléments de bien-être. D'un autre côté, beaucoup d'écrivains, au nombre desquels figurent Bodin et Montesquieu, n'ont pas hésité à attribuer à l'influence des climats et des lieux, la plupart des différences que présentent les mœurs, les lois, les habitudes, la condition des sociétés humaines. Si cette opinion, renfermée dans ses justes bornes, n'a pas surmonté tous les doutes, c'est faute de s'être appuyée sur des observations assez précises : on a constaté les résultats généraux ; on n'a pas examiné suffisamment comment ils se produisent ; c'est cette partie de la tâche qui reste à remplir, et nous allons y travailler.

Les faits de l'ordre physique qui influent sur la marche de la civilisation et ont rendu ses progrès inégaux dans les diverses contrées du globe, sont nombreux et divers. Tous cependant, dans leurs effets, aboutissent à faciliter ou à contrarier

1° L'agglomération des populations ;

2° L'exercice du commerce et de la navigation ;

3° La division des occupations et l'activité du travail.

Aussi, est-ce dans leurs rapports avec ces trois sources principales de la prospérité sociale, que nous allons les examiner, et il nous sera facile de montrer combien a été circonscrite la zone territoriale où la civilisation a rencontré jusqu'ici toutes les conditions dont elle avait besoin pour étendre graduellement ses conquêtes.

Les avantages attachés à la multiplication et à l'agglomération des populations ne sauraient être mis en doute. On sait que les hommes ne s'éclairent et ne se policent que par le contact avec leurs semblables. Tant qu'ils restent épars sur le sol, ils végètent dans l'ignorance et la pauvreté. Ce n'est qu'à mesure qu'ils se rapprochent que leur condition s'adoucit. Alors s'établissent entre eux des communications qui étendent et rectifient leurs connaissances ; alors aussi, l'échange des produits dont ils disposent, en permettant la division du travail, en accroît la puissance ; et plus les populations s'amassent et se concentrent, plus elles croissent en activité et en intelligence.

Aussi, est-ce à l'établissement des villes que les sociétés sont redevables de tous les avantages qu'elles ont acquis. Dans les villes, tout tend à imprimer aux esprits, comme aux bras, une impulsion vive et féconde. Des consommations considérables y appellent les industries les plus diverses à accroître leurs forces productives ; l'accumulation des richesses y invite les arts à diversifier et à perfectionner leurs créations ; des rivalités de rang, de fortune, de profession, y excitent chacun à tirer tout le parti possible de ses facultés ; les villes sont le foyer où se déploient tous les talents, où fermentent toutes les activités, toutes les ambitions dont le concours assure le développement de l'ordre social ; et la civilisation ne fleurit que grâce aux progrès qui s'accomplissent dans leur sein.

Mais les villes ne trouvent pas dans tous les pays les mêmes facilités d'établissement. Tout dépend, à cet égard, des moyens de subsistance dont jouissent les populations : or rien n'a été moins également distribué sur le globe. S'il est des régions d'une admirable fertilité, il en est aussi dont le sol ne rétribue qu'avec peine les labeurs de l'homme, d'autres même où il est d'une invincible stérilité; et de là, pour les peuples, des conditions d'existence dont la dissemblance a dû différencier leurs destinées.

Comment la civilisation, par exemple, aurait-elle pu fleurir dans les vastes régions qui avoisinent les pôles ? Les céréales n'ont pas le temps d'y mûrir dans l'intervalle des hivers, et l'homme n'y subsiste que des fruits incertains de la chasse et de la pêche. Aussi les populations reléguées dans ce triste séjour n'ont-elles pu sortir de l'enfance : divisées en petites tribus, dont toute l'activité suffit à peine à les préserver des atteintes meurtrières du froid et de la faim, il leur est impossible de croître en nombre et de se concentrer sur aucun point. C'est le climat même qui, en ne leur permettant d'autres occupations que celles de la vie sauvage, les condamne à en garder l'ignorance, la faiblesse et les souffrances.

La stérilité dont les extrémités du globe sont frappées, atteint aussi une partie des contrées équatoriales. Sous un ciel trop ardent, les terres ne se prêtent à la culture que dans les lieux où la présence des eaux entretient la végétation. Autant les vallées sont fertiles, autant le sol brûlé des plateaux est rebelle aux efforts de l'homme. Partout, dans la portion des continents comprise entre les tropiques, existent de vastes espaces où la difficulté d'obtenir des récoltes prévient ou limite l'agglomération des populations.

Il y a aussi, sous toutes les températures, des régions où la constitution même du territoire suffit pour arrêter tout développement social : ce sont celles où la vie pastorale est seule possible. Sur les immenses et froids plateaux de l'Asie centrale, comme dans les déserts de la Perse, de l'Arabie et de l'Afrique, la terre ne produit que des herbes ou des buissons clair-semés, et l'homme n'y a pour subsister que le produit des troupeaux qu'il conduit, de place en place, chercher de rares et maigres pâturages. Là, encore, la civilisation n'a pu prendre son essor. Ce n'était pas sous la tente, ce n'était pas dans l'isolement de la famille ou de la tribu, que des hordes nomades pouvaient acquérir la richesse et la science. Confinées dans un cercle étroit d'occupations uniformes, appelées à des luttes continuelles, elles s'en sont tenues au peu d'industries que réclamait leur genre d'existence. Vainement le monde a-t-il marché autour d'elles ; vainement même, à diverses reprises, ont-elles subjugué des nations agricoles, rien des arts et des connaissances qu'elles ont trouvés, et même parfois cultivés avec succès dans leurs nouvelles possessions, n'a pu refluer et s'enraciner dans leur propre pays. Telles étaient les races scythiques aux époques les plus anciennes, telles sont encore, de nos jours, les populations qui ont recueilli leur héritage.

Ce n'est pas qu'il n'y ait, de loin en loin, des espaces cultivables dans les contrées vouées au régime pastoral, et qu'elles ne renferment un petit nombre de villes. Mais ces villes ne sauraient offrir à la civilisation des asiles où elle puisse croître en liberté. Outre le peu de terres fertiles dont elles disposent, les tribus errantes qui les environnent les tiennent dans une sorte de captivité, et ce n'est souvent qu'avec peine qu'elles préservent leurs champs des déprédations qui les menacent sans cesse.

Les faits que nous venons de mentionner, montrent assez quelle influence la nature du terrain qu'elles occupent exerce sur la destinée des sociétés. Sans récoltes abondantes, pas de villes où puissent se réunir et subsister des masses de populations; et sans villes, pas de progrès d'aucune sorte. Ainsi s'explique l'état stationnaire d'une foule de contrées. La civilisation n'y fleurit pas, parce que la rareté des subsistances en contraint les habitants à errer ou à demeurer disséminés sur de vastes espaces.

Ce n'est pas assez cependant de la possession d'un sol fertile pour imprimer aux sociétés une impulsion vive et durable. S'il en était ainsi, c'est dans les régions méridionales, où elle a pris naissance, que la civilisation aurait continué à grandir. Les parties arrosées du territoire y sont d'une incomparable fécondité; nulle part la végétation n'est aussi active; nulle part, à surface égale, ne se succèdent de si riches moissons. Voilà pourquoi, dès la plus haute antiquité, les bords du Nil et de l'Euphrate, les vallées de l'Inde et de la Chine, se couvrirent de cités où le génie de l'homme jeta ses premières clartés. Mais là même, la civilisation ne soutint pas son essor, d'abord si brillant et si rapide; il lui manqua, pour s'élever de plus en plus, des mobiles qui tous ne se rencontrent pas dans le simple fait de la concentration de nombreuses multitudes.

Parmi ces mobiles, le plus nécessaire, c'est une position géographique favorable au développement du commerce. Tous les motifs qui, dans l'enceinte des villes, stimulent l'activité humaine, agissent avec d'autant plus d'énergie, que les circonstances locales facilitent davantage la circulation et l'exportation des produits. Des peuples à même d'échanger librement leur superflu, contre les objets qui leur manquent, étendent et perfectionnent rapidement leurs travaux. A cette cause de prospérité s'en joignent beaucoup d'autres. L'opulence devient aisément le partage de ceux qui déploient le plus d'intelligence dans leurs spéculations, et comme les capitaux qu'ils amassent, fidèles à leur origine, refluent vers l'industrie, ils la vivifient de plus en plus. D'autre part, à mesure que la richesse s'accumule, les loisirs qu'elle permet, les goûts élégants et délicats qu'elle enfante, offrent aux arts et aux lettres de nombreux et puissants encouragements. Ce n'est pas tout : les relations établies entre des peuples divers d'origine, contribuent à les éclairer mutuellement. Dans les voyages que des motifs d'intérêt commandent, leurs marchands sont frappés du spectacle de mœurs, de lois, d'usages, de pratiques industrielles dont la nouveauté fixe leur attention ; ils les observent avec curiosité, et les connaissances qu'ils rapportent dans leur pays natal y font avancer la civilisation d'un pas plus sûr et plus ferme.

Jamais les nations dont la situation géographique arrête ou restreint le trafic extérieur, n'ont brillé par la richesse et l'instruction. Réduites aux seules découvertes, aux seules lumières qui naissent dans leur propre sein, elles ne s'éclairent qu'avec une certaine lenteur, et quelle que soit l'abondance de leurs ressources naturelles, le défaut de débouchés suffisants les leur fait négliger. Tout seconde, au contraire, l'essor des peuples dont les relations s'étendent au loin. Il leur est facile de s'approprier les fruits de l'expérience étrangère ; leurs entreprises les accoutument à calculer avec l'avenir, à tenir compte d'éventualités diverses, à consulter des données nombreuses, à affronter des risques ; ils deviennent hardis, avisés, prévoyants, et les habitudes intellectuelles et morales qu'ils contractent assurent le cours de leurs prospérités.

Cela a été vrai, surtout, des peuples navigateurs. C'est qu'aux avantages réservés à l'exercice du commerce, la navigation en joint qui lui sont propres et dont la portée est immense. La navigation n'est pas seulement le plus commode, le moins dispendieux, et en réalité le plus sûr des moyens de communication mercantile, c'est un art dont la pratique appelle et réclame des connaissances d'une variété infinie. Il ne suffit pas aux nations maritimes d'apprendre à creuser des ports, à bâtir, à équiper des vaisseaux, à rassembler, à débiter des cargaisons, il leur faut cultiver des sciences fécondes en enseignements, et les lumières diverses qu'elles ont besoin d'acquérir les aident à utiliser toutes les ressources dont l'emploi peut leur être profitable.

Aussi rarement les peuples navigateurs se sont-ils contentés des bénéfices du commerce de transport. Ingénieux, inventifs, avides de fortune, ils ont cultivé toutes les branches d'industrie accessibles à leurs efforts, et c'est sous leurs mains habiles que l'agriculture et les arts ont fleuri davantage. Dans le vieux monde, les manufactures de Tyr et de Sidon ne contribuèrent pas moins à l'opulence de ces villes célèbres que le grand nombre de leurs vaisseaux. Athènes était renommée pour ses ouvrages en métal et en cuir, pour ses tissus et ses meubles; Carthage eut des laboureurs et des artisans d'une supériorité reconnue. Il n'en fut pas autrement dans le monde moderne. A partir du temps où Venise approvisionnait l'Europe des produits de ses arts, les États maritimes ont toujours fait marcher de front le commerce et la fabrication. C'est que tous les genres d'activité ont la même source, les conquêtes de l'intelligence, et que tous fleurissent de concert là où ces conquêtes s'accomplissent rapidement.

A tous les âges connus, le rôle des peuples appelés à paraître sur les mers a été le plus éclatant. Beaucoup, des commencements les plus humbles, se sont élevés promptement à un haut rang. Pleins de séve et d'énergie, nul péril ne les intimidait, et d'ordinaire le succès couronnait des entreprises en apparence au-dessus de leurs forces. Tantôt ils envoyaient des colonies prendre possession de rivages éloignés; tantôt ils étendaient leur domination aux dépens de leurs voisins, et soutenaient des luttes acharnées contre des empires dont le poids semblait devoir les écraser au premier choc. Quelque restreintes que fussent leurs ressources, l'habileté qu'ils mettaient à s'en servir, suppléait à leur insuffisance; et s'ils étaient les plus laborieux dans la paix, ils étaient aussi les plus résolus dans la guerre.

Sans les progrès accomplis dans les contrées maritimes, la civilisation n'eût assurément pas acquis la puissance dont l'humanité recueille maintenant les fruits. Aujourd'hui que la science et l'industrie sont le patrimoine commun d'une foule de nations diverses, et qu'il n'est plus d'idées et de connaissances qui ne circulent librement des unes aux autres, les avantages dont jouissent les peuples riverains des mers ne sont plus pour eux une cause directe de supériorité; mais dans les siècles passés, alors que l'ignorance pesait sur le monde encore inculte et barbare, ces avantages étaient immenses. Voyez combien les preuves en abondent. Éclose dans les vieux empires de l'Orient, la civilisation y sommeillait, faute d'autres véhicules que la fertilité des terres et le commerce par caravanes; ce sont les Phéniciens qui lui rendirent le mouvement : presque toutes les inventions qui lui permirent de nouveaux pas furent leur ouvrage. Plus tard, les Grecs se livrèrent à la navigation, et à peine Athènes fut-elle leur métropole commerciale, que les arts et les sciences y prirent un essor dont l'éclat splendide n'a pas cessé d'éclairer les âges suivants. Ce fut le tour d'Alexandrie d'être le principal marché du monde, et bientôt ses écoles devinrent des foyers de lumière. De même, à l'époque plus récente où l'esprit humain se débattait si péniblement au milieu des ténèbres amoncelées par les invasions des barbares, ce fut dans les ports de l'Italie qu'il se ranima et reprit son ascendant. Enfin, jusqu'à nos jours, les nations les plus florissantes n'ont-elles pas été celles dont les nombreux vaisseaux sillonnaient les mers? N'est-ce pas à elles que revient l'honneur de la plupart des découvertes qui ont le plus ajouté à la puissance productive de l'homme?

L'influence des situations géographiques, comme celle des degrés de fertilité des terres, s'est manifestée trop clairement à toutes les époques pour être mise en doute. Il nous reste à présent à signaler les résultats de circonstances locales d'un autre ordre, de celles qui contribuent le plus activement à déterminer la nature, la forme, le caractère des occupations sociales. Ici, c'est la question des climats qui se présente tout entière; nous lui donnerons d'autant plus d'attention qu'elle nous paraît n'avoir pas toujours été bien comprise.

Jamais ce n'est chose indifférente, pour une société, que la quantité et la diversité des arts qu'elle est appelée à pratiquer. Déjà, au nombre des raisons de la supériorité des nations maritimes, nous avons cité la multiplicité des travaux, des soins, des connaissances dont elles avaient besoin dans leur mode d'existence; et en effet, toutes les branches de la production, tous les emplois de l'intelligence et des forces humaines, se touchent, se pénètrent, se fécondent mutuellement. Pas de progrès dans un genre de labeur, qui ne s'étende hors du cercle où il s'est réalisé; pas de perfectionnement dans une des formes de l'activité sociale, qui ne devienne profitable aux autres : chaque industrie, chaque métier, chaque profession est un foyer de découvertes, une source de lumières, et plus la variété en est grande, plus les éléments et les occasions de prospérité abondent.

Supposez une contrée sans autre industrie possible que l'exercice de l'agriculture, elle serait vouée à l'ignorance et à la pauvreté. Là s'éteindraient, sans laisser trace de leur passage, des talents qui ne trouveraient ouverte aucune des voies convenables à leur application ; là seraient fort rares des inventions et des découvertes qui ne jailliraient que d'une seule source; là, l'absence des arts manufacturiers ne permettrait pas au commerce de s'étendre; là, enfin, des laboureurs qui ne pourraient échanger avantageusement leurs produits, ne chercheraient pas à se multiplier, et l'agriculture même demeurerait faible et languissante.

Eh bien! ces inconvénients se produisent, en partie du moins, sous des climats souvent divers. Il est des pays où les arts manufacturiers ne trouvent pas les conditions qui en provoquent l'essor, et où l'homme manque des moyens ou du désir de perfectionner et de varier ses œuvres.

Ainsi, sous le ciel polaire, les mêmes causes qui empêchent les populations de croître et de se rapprocher, font obstacle à la séparation des industries. Nulle part, l'homme n'est en face d'une nature si hostile, et la satisfaction des besoins les plus vulgaires lui impose de tels efforts, qu'il n'en saurait connaître et contenter de plus raffinés. C'est avec peine qu'il parvient à recueillir, sur le sol qu'il parcourt sans cesse, les moyens d'apaiser sa faim et de résister à l'âpreté meurtrière du climat; il périrait s'il ne dévouait tout son temps à se les procurer.

Il en est différemment dans les régions où resplendit le soleil des tropiques. La nature s'y est montrée d'une admirable munificence; de toutes parts, elle a semé à profusion les éléments du bien-être et de la richesse; mais il est une chose plus précieuse qu'elle ne produit pas, c'est l'industrie elle-même. Là, l'homme n'éprouve que bien peu de besoins qu'il soit tenu de contenter sous peine de souffrances ou de périls pour sa vie. Une cabane construite en quelques heures, des vêtements tissus à la hâte, le défendent suffisamment des rares offenses de l'air, et, du moment où sa subsistance est assurée, nul souci ne vient solliciter vivement son labeur : aussi néglige-t-il une foule d'arts dont la pratique étendrait rapidement ses connaissances et lui assurerait une prospérité croissante.

Tout, au contraire, s'unit, dans les zones intermédiaires, pour multiplier et diversifier les occupations. Des saisons distinctes y règnent tour à tour : à des étés d'une ardeur parfois excessive succèdent des hivers rigoureux ; et les populations ont à se préserver d'incommodités sans nombre. Il ne leur suffit pas d'écarter les souffrances de la faim, il leur faut des demeures qui puissent braver toutes les intempéries, des vêtements appropriés aux températures les plus opposées, des meubles, des appareils de chauffage, des ustensiles qui leur rendent utiles et doux les longs moments qu'elles sont forcées de passer sous le toit domestique ; et à tant de besoins différents répondent des travaux d'une variété presque infinie.

Rien n'a plus contribué que cette variété à élever les nations de l'Europe au-dessus de toutes les autres. A mesure qu'elle s'établissait, les notions industrielles, les connaissances techniques se multipliaient, et ce qui valait mieux encore, les populations prenaient des habitudes de prévoyance et d'activité devenues la cause décisive, le principe même de leurs succès. Études scientifiques, beaux-arts, agriculture, commerce, fabrication, tout fleurit à la fois en Europe, parce que les sociétés y ont acquis, avec tous les genres d'aptitude, une énergie morale qui ne fléchit devant aucun obstacle. Attentives à se saisir de tous les moyens d'action, de tous les germes de bien-être qu'elles rencontrent à leur portée, elles perfectionnent de plus en plus des travaux dont la diversité croissante ne cesse de leur ouvrir de nouvelles sources de richesse et de puissance.

A l'influence qu'ils exercent sur la diversité des occupations, les climats en joignent une autre, qui n'est pas non plus sans importance. En permettant plus ou moins de continuité dans les soins donnés à la terre, ils agissent fortement sur le caractère et les inclinations des peuples, et de ce côté encore, ce sont les zones tempérées qui sont de beaucoup les mieux partagées.

Ainsi, dans une partie de l'Europe, le nombre des jours pendant lesquels le mauvais temps interdit le travail aux champs est peu considérable : on l'évalue à vingt-quatre en Angleterre : c'est vraisemblablement le pays qui en compte le moins ; car en France, en Hollande, dans le midi de l'Allemagne, le chiffre est un peu plus élevé.

Plus les latitudes s'élèvent ou s'abaissent, plus se prolongent les chômages agricoles. Dans le nord de l'Europe, la terre gelée, chargée de neiges ou détrempée par les pluies, refuse les soins de l'homme pendant tout l'hiver, et le laboureur russe ou norwégien a jusqu'à six mois de repos.

Pareil fait se reproduit au midi : comme le sol, à moins d'être baigné par les mers, durcit trop pendant les chaleurs pour demeurer maniable, les labeurs agricoles sont suspendus pendant une partie de l'année. Sous la zone torride, la saison des pluies est, dans la presque totalité des plaines, le seul moment où l'on puisse labourer et semer. Puis viennent des moissons qui mûrissent en quelques semaines, et une fois qu'ils les ont recueillies, les habitants des campagnes n'ont plus qu'à attendre paisiblement l'époque éloignée où le travail redeviendra possible.

Rien de contraire aux intérêts des peuples comme la longue interruption des labeurs dont subsistent les classes les plus nombreuses. Des loisirs trop prolongés ont les plus graves inconvénients. Des hommes dont la vie s'écoule en grande partie dans l'oisiveté n'apprennent pas à connaître le prix du temps. Des habitudes de nonchalance et de distraction s'en emparent et les dominent ; ils deviennent incapables de toute application soutenue, et chez eux l'esprit même se ressent du manque d'attention et d'activité auquel le désœuvrement les accoutume.

Les contrées les plus richement dotées par la nature sont celles où la paresse semble avoir établi son empire ; et l'on en conclut que l'ardeur du climat y énerve et affaiblit physiquement les populations qu'elles renferment. Il n'en est rien cependant. Les races qui habitent les pays chauds sont appropriées à leur séjour, et non moins aptes que toutes les autres à supporter toutes les fatigues. A défaut des preuves que tant de fois la guerre en a données, le coolie, le portefaix, le cipaye de l'Inde, le coureur égyptien qui accompagne sans se laisser devancer le cheval monté par son maître, le mineur, le porteur d'hommes de l'Amérique du Sud, seraient là pour en rendre témoignage : mais ce qui, dans les pays chauds, sème et propage l'indolence, ce sont les habitudes de désœuvrement dues aux longs chômages de l'agriculture, comme à l'absence de besoins difficiles à satisfaire. Cela est si vrai, que, sur tous les points où la nature des terres permet des efforts continus, règne une activité remarquable. Il ne faudrait pas aller bien loin pour s'en assurer. Comparez en Espagne le paysan de la plaine de Valence, ou de la basse Catalogne, avec le laboureur des plaines de la Castille : autant l'un déploie de vigueur et d'assiduité dans le travail, autant l'autre semble ne s'y résigner qu'à regret. C'est que, grâce au système d'irrigation qu'il a pu se créer, le premier n'est jamais contraint de se reposer; l'autre, au contraire, n'a rien à faire pendant plusieurs mois de l'année.

Sous les latitudes brûlantes, les inconvénients attachés aux longs chômages sont d'autant plus graves que les populations ne sentent pas la nécessité de tirer parti du temps dont elles disposent, et que les rigueurs du climat ne les forcent pas à se renfermer dans leurs demeures. Il en est autrement dans les pays froids : trop de besoins y assiégent le laboureur pour qu'il ne cherche pas à utiliser les loisirs qu'il passe sous le toit domestique. Pendant l'hiver, il fabrique la plupart des objets dont il a besoin, et il n'est pas rare de rencontrer, dans le nord de l'Europe, des familles qui ne possèdent pas un meuble, pas une seule partie de leurs vêtements qui ne soit leur propre ouvrage.

Certes, c'est là le meilleur usage que la population des campagnes puisse faire des moments qu'elle ne saurait donner aux soins de la culture, et peut-être n'est-il pas de système de production qui soit plus favorable à la bonté des mœurs : nul doute cependant qu'il apporte des entraves à l'essor des arts et de la richesse. C'est la séparation des métiers et des tâches qui donne au travail toute l'énergie dont il est susceptible ; or, cette séparation ne s'opère pas suffisamment tant que le plus grand nombre des familles continue à confectionner tous les produits à son usage. Dans le nord de l'Europe, les classes manufacturières et mercantiles ne se développent pas assez pour que leurs consommations encouragent fortement les efforts de l'agriculture, et pour que leur genre d'occupations soit fécond en enseignements. On peut le remarquer : jusqu'ici les grandes manufactures, faute de larges débouchés pour leurs créations, n'y ont trouvé que peu de place; à peine y connaît-on les machines à l'aide desquelles l'homme, s'emparant des forces brutes de la nature, s'en est fait un si puissant auxiliaire. Il est arrivé même, sur plusieurs points, qu'elles n'ont pu soutenir la concurrence des bras de l'homme, et qu'il a fallu renoncer à leur assistance.

A mesure qu'elle avance, la civilisation atténue graduellement la plupart des différences que la diversité des milieux où vivent les sociétés tend à mettre dans les formes de leur activité. Ces différences cependant s'étendent loin, et on les retrouve aussi bien dans les idées et les sentiments des peuples, que dans les goûts qui président à l'emploi de leurs richesses.

A partir des régions équinoxiales, jusqu'à celles où se succèdent des saisons diverses, les penchants de l'intelligence diffèrent sensiblement. Les besoins réels sont en si petit nombre, sous le beau ciel des tropiques, que l'homme a peu d'efforts à faire pour s'en affranchir. Libre de soins et de préoccupations qui appelleraient souvent son attention sur les réalités du monde matériel, sa pensée n'en est que plus ardente à s'élever vers les hautes sphères où planent les mystères du monde invisible. L'origine de l'univers, les fins de l'humanité, les desseins, les attributs, l'essence du créateur, voilà le domaine sans bornes qu'elle se plaît à parcourir, au risque de s'égarer. Aussi, de tout temps, l'Asie méridionale a-t-elle été féconde en poëtes, en métaphysiciens, en esprits contemplatifs, en inventeurs de cosmogonies et de systèmes théosophiques. C'est le pays où le sentiment religieux se manifeste avec le plus d'énergie, et de son sein sont sorties les grandes croyances qui continuent à se partager la terre. Mais les sciences positives, mais l'étude patiente et régulière des lois de la nature, mais les connaissances qui se transforment en moyens de bien-être et de force, tout cela n'y attire que peu d'attention; et cependant, sans cette part des œuvres de l'intelligence, la civilisation ne peut que tourner éternellement dans le même cercle.

Même différence se reproduit dans l'usage des richesses et dans la direction que cet usage imprime aux arts. Moins les besoins sont nombreux, moins l'idée de l'utile obtient de place dans les créations destinées à satisfaire le luxe des hautes classes. Dans les pays chauds, c'est l'éclat extérieur qui fait le mérite des objets où se déploie le talent des artistes. Les grands tiennent avant tout à éblouir les regards, à donner une haute idée de leur magnificence. Leurs habits sont surchargés de perles et de diamants; l'or et l'ivoire étincellent sur les harnois de leurs chevaux ou sur les palanquins qui les portent; ils ne se montrent à la foule qu'escortés de serviteurs dont la multitude témoigne de l'étendue de leur puissance; mais leurs demeures, splendidement décorées, ne contiennent que des nattes et des meubles mal ou peu appropriés aux usages ordinaires de la vie.

Dans les pays où la température moins ardente permet cependant la vie en plein air, les goûts s'épurent et s'ennoblissent. C'est la beauté idéale des formes que l'on recherche en toutes choses. Ces contrées sont le séjour de prédilection des arts plastiques; leurs créations y sont l'objet d'une vive et profonde admiration, et chacun met le plus grand prix à les posséder.

Arrivez aux régions où les rigueurs du froid se font sentir, dans les goûts subsiste toujours quelque influence des luttes qu'elles imposent. Ce que le riche demande, c'est que les objets dont l'usage le distingue, soient utiles en même temps que gracieux et beaux. Ses préférences sont pour ceux qui, sous des formes ingénieusement combinées, le préservent le mieux des incommodités qu'il redoute, ou ajoutent davantage au bien-être que le climat lui fait désirer.

Comparez aux tendances naturelles du génie grec celles qui dans la moderne Angleterre se manifestent avec le plus d'éclat, vous verrez quelles différences peuvent produire quelques degrés de latitude. A peine la Grèce eut-elle échappé à la barbarie, qu'elle devint la terre classique des beaux-arts, le lieu où ils prirent l'élan le plus prompt et le plus magnifique. De toutes parts s'élevèrent des monuments d'une admirable architecture; les places publiques, les rues des villes, les demeures des citoyens, se décorèrent de statues, de peintures, de vases d'une perfection exquise; mais, alors même que des multitudes de chefs-d'œuvre attestaient à quelle puissance d'expression s'était élevé le sentiment du beau, les arts mécaniques, les travaux productifs, restaient négligés, et les plus grands personnages manquaient d'une foule d'objets dont l'usage leur eût rendu la vie plus commode et plus douce.

En Angleterre, c'est, pour me servir de l'expression caractéristique du pays, le confortable qui est le but des désirs, des convoitises de tous. A l'exception de quelques édifices dus au zèle religieux des anciens âges, les villes ne contiennent pas de monuments où l'art ait été appelé à manifester toute sa puissance, et les particuliers eux-mêmes ne lui font que peu de sacrifices. Avant de s'entourer d'objets qu'il se plaise à contempler, l'Anglais recherche des satisfactions plus substantielles. Aux vases, aux tableaux qui complètent son ameublement, il préfère les siéges moelleux où il se repose, les tapis que ses pieds foulent, les appareils qui le préservent du froid et de l'humidité, la voiture bien suspendue qui le porte : ce sont là les choses dont la bonne confection le touche et dont son luxe appelle sans cesse le perfectionnement.

C'est un noble et doux emploi de la richesse que la culture des beaux-arts, et tout peuple qui le dédaignerait, demeurerait étranger à des émotions dont le charme n'est jamais sans influence sur la beauté de l'esprit. De plus grands avantages sociaux résultent néanmoins de l'attention obtenue par les industries dont les produits se convertissent en moyens de bien-être. Plus les consommations de l'opulence appellent les hommes de talent et d'imagination à en hâter le progrès, plus les découvertes utiles se multiplient et se vulgarisent, plus leur application s'étend au profit des masses et facilite l'amélioration de leur sort.

Platon voulait que les poëtes, après avoir été couronnés de fleurs, fussent bannis de sa république. Mieux que tout autre, Platon aurait dû se rappeler qu'il n'est pas de don de l'esprit, de faculté de l'intelligence, qui ne porte des fruits bienfaisants; mais, de quelque admiration que nous pénètrent les œuvres des Phidias et des Apelle, nous tenons celles des Arkwright et des Watt pour douées d'une puissance civilisatrice d'un ordre bien supérieur. En armant l'homme de nouvelles forces productives, elles élargissent les sources où il puise tous les biens de ce monde, la science aussi bien que la richesse.

Les détails dans lesquels nous venons d'entrer, ne doivent laisser aucun doute sur l'étendue de l'influence exercée par les différences de climat et de situation locale. Des terres fertiles, de larges voies de communication mercantile, des températures qui, sans les rendre accablants, diversifient les besoins, voilà les conditions de vie et de progrès sous lesquelles la civilisation a fleuri. Les sociétés qui les ont trouvées réunies sur le sol qu'elles habitaient ont devancé les autres. Celles qui ne les ont rencontrées qu'incomplètes ou insuffisantes, ont marché moins vite ou sont demeurées immobiles.

En signalant les faits naturels dont la civilisation a subi l'empire, nous ne nous sommes occupés que des plus généraux et des plus importants. Quelques autres n'ont pas laissé d'avoir leur part d'action. Ceux-ci toutefois n'ont eu d'activité que sur un petit nombre de points ; et comme, en définitive, leur existence n'a consisté qu'à assurer plus ou moins de facilités à l'accroissement des populations, à l'échange des produits, à la subdivision et à l'énergie du travail, il serait superflu de s'arrêter à les décrire.

Maintenant, ce qu'il importe de remarquer, c'est l'ordre dans lequel les circonstances locales, dont le concours a décidé de la marche de la civilisation, lui ont servi de véhicule. Toutes en effet n'ont pas de tout temps manifesté leur puissance, et il en est qui n'ont opéré que tardivement et à des époques où déjà les sociétés avaient pris d'assez grands développements. Ainsi, dans les premiers âges, la seule cause de progrès fut la bonté des terres ; et encore cette cause ne fut-elle efficace que sur les points du globe où les populations, trouvant aisément à subsister, multiplièrent avec promptitude et jouirent de loisirs favorables aux acquisitions de l'intelligence. Ce ne fut que longtemps après, que la pratique du commerce et de la navigation produisit ses fruits. Il fallut aux contrées maritimes, pour qu'elles commençassent à tirer parti des avantages de leur situation, des connaissances dont l'obtention ne fût due qu'aux facilités de concentration offertes aux populations par l'extension du travail agricole. Bien plus tard encore, les exigences des climats variables devinrent un mobile d'une certaine activité. Tant que les arts mécaniques furent peu avancés, les peuples qui habitaient les régions où règnent de longs hivers, restèrent courbés sous le poids de leurs nombreux besoins, et leur sort ne s'améliora qu'à l'aide de lumières lentement amassées et transmises par des contrées qui, dans l'origine, avaient semblé plus heureusement douées par la nature.

Enfin, voici un siècle à peine que les conditions atmosphériques auxquelles tinrent les formes du régime rural et industriel, font sentir leur action. Auparavant, le défaut de moteurs ne permettait pas la fabrication en grand, et partout les travaux manufacturiers se mêlaient à ceux de l'agriculture. Peut-être des particularités locales, jusqu'ici sans influence appréciable, seront-elles un jour au nombre des causes qui agiront sur les progrès de l'humanité, et verra-t-on la civilisation réaliser une partie des conquêtes qui lui restent à faire dans des lieux où elle est encore arriérée.

Les causes qui ont subordonné l'action de la plupart des circonstances locales à l'accomplissement de certains progrès sociaux ont eu des résultats bien dignes d'attention. La civilisation n'a avancé qu'en changeant plusieurs fois le siége de ses progrès. Ce n'est pas dans les lieux où s'est passée son enfance qu'elle a continué à grandir : chacune de ses transformations successives s'est effectuée dans de nouveaux séjours, comme si les avantages qu'elle avait mis à profit dans ceux où elle venait de fleurir, ne devaient lui servir que pendant une période donnée de croissance. Bien plus : dans les régions où elle a fait ses conquêtes les plus récentes, n'auraient pu se réaliser ses conquêtes antérieures, et elle ne s'y est établie et n'y a poursuivi son essor que parce qu'elle y est arrivée en possession de forces qu'il lui eût été impossible d'y acquérir. Du moins est-ce là ce que témoignent les faits. La civilisation est descendue du midi vers le nord, de l'intérieur des continents vers le littoral des mers, se perfectionnant à chacune des stations de sa route, amassant sans cesse de nouvelles ressources, de nouvelles lumières, et subjuguant, à mesure qu'elle devenait plus puissante, les obstacles qui d'abord l'avaient arrêtée, en tirant même de nouveaux éléments de vie et de prospérité. C'est un édifice dont la construction est due au concours successif des mains les plus diverses. Les nations qui en ont posé les premières assises ne sont pas celles qui l'ont continué, et celles qui l'ont continué ne sont venues à bout d'ajouter à son élévation que parce qu'elles l'ont trouvé à un degré d'avancement où elles-mêmes n'auraient pu le conduire.

Consultez les données de l'histoire, toutes attestent et justifient pleinement ces assertions.

Dans le vieux monde, la civilisation n'apparut d'abord que sur un petit nombre de points où la douceur du climat, la fertilité naturelle du sol et l'abondance des moyens de nutrition facilitèrent le rapprochement des familles et les essais de l'art agricole. C'est dans les plaines que baignent le Tigre et l'Euphrate, sur les bords des grands fleuves de l'Asie orientale et dans les vallées de l'Éthiopie, qu'elle prit son plus ancien essor. Déjà les populations s'étaient multipliées, concentrées, fixées dans ces belles contrées; déjà elles y cultivaient la terre, que la vie sauvage régnait seule encore dans toutes les régions situées sous un ciel moins chaud et moins fécond.

De même en Amérique, lors de l'arrivée des Européens, il n'y avait de sociétés organisées et commençant à se policer que dans les latitudes méridionales. La vallée de Quito, les plateaux du Mexique et du Cundinamarca, étaient les centres d'une civilisation naissante, qui aurait fini par s'étendre et rayonner dans toutes les directions, si toutefois il lui avait été donné de pouvoir mûrir dans un hémisphère où l'espèce humaine, privée d'animaux domestiques, manquait du genre d'assistance le plus essentiel au succès de ses labeurs.

Dans sa marche vers le Nord, la civilisation n'a avancé que de proche en proche, mesurant, pour ainsi dire, la grandeur de ses pas à la somme de sa puissance acquise. Des régions où de longs et rigoureux hivers suspendent la végétation, imposaient à leurs habitants trop de souffrances et de privations pour qu'ils pussent croître et s'éclairer promptement, et les lumières n'y pénétrèrent qu'avec beaucoup de peine et de lenteur.

C'est même un fait que, sous les latitudes tempérées ou froides, pas une société ne se dégagea par ses seules forces du joug de la barbarie originaire. Il fallut toujours que les connaissances dont elles avaient besoin pour triompher des obstacles qui arrêtaient leur essor, leur arrivassent de contrées plus méridionales. Ainsi, de l'Égypte et de la Phénicie, sortirent les hommes qui vinrent répandre en Grèce les premières semences de la civilisation. Ils apportèrent sur un sol qui n'avait pu les enfanter des arts qui devaient en féconder les ressources; et, grâce au développement qu'ils y reçurent, la Grèce ne tarda pas à laisser loin derrière elle les pays d'où elle avait tiré les enseignements sans lesquels elle eût continué à végéter dans l'ignorance et la pauvreté.

Après avoir étendu et multiplié les lumières qu'elle tenait des nations de l'Afrique et de l'Asie, la Grèce, à son tour, en fit part à la Sicile et à l'Italie. A l'instar des Phéniciens, elle se livra au trafic maritime, et les colonies qu'elle jeta sur le littoral de la Méditerranée devinrent des centres de richesse et de civilisation.

On peut affirmer encore que, sans les lois qu'elles reçurent de Rome, les nations qui, de nos jours, occupent le plus haut rang, seraient demeurées bien plus longtemps dans l'état inculte qui continua à subsister au delà du Rhin et des Alpes. Aux arts, aux règles, aux travaux que leur imposèrent des maîtres exigeants, furent dues toutes les améliorations qui s'effectuèrent dans leur situation. Il est visible toutefois que la civilisation du monde romain n'était pas assez mûre pour croître d'elle-même dans l'occident de l'Europe. Ni les connaissances, ni les découvertes dont elle disposait, n'offraient aux populations les moyens de terminer définitivement, à leur profit, la lutte qu'elles avaient à soutenir contre la sévérité compressive du climat, et quand les barbares du Nord arrivèrent, la civilisation, incapable de se remettre du choc, recula, ne laissant que peu de traces de ses anciennes conquêtes.

C'est sous le ciel de l'Italie qu'elle alla se réfugier. Là se réunissaient les conditions diverses alors les plus conformes aux exigences de sa croissance. Venise, Gênes, Pise, Florence, d'autres villes encore devinrent le théâtre de ses nouvelles conquêtes ; et elle y acquit un degré de puissance qui non-seulement lui permit de refluer sur l'occident et le nord de l'Europe, mais d'y grandir en toute liberté. A partir du XIVe siècle, les nations répandues en France, en Allemagne, en Angleterre, avancèrent d'un pas rapide et soutenu. Armées des moyens de surmonter les résistances du sol et du climat, elles s'appliquèrent avec ardeur à des travaux dont le succès était désormais assuré; des circonstances, qui précédemment avaient agi comme obstacles, se transformèrent pour elles en éléments, en causes d'activité, et elles ne cessèrent plus de croître en industrie et en richesse.

On conçoit aisément que les avantages attachés aux situations maritimes ne se soient pas révélés dans l'enfance des sociétés. La navigation ne pouvait être exercée qu'après de longs tâtonnements, et les arts dont elle exigeait la pratique ne devaient naître que chez des populations où l'usage de cultiver la terre avait répandu quelque aisance. Il est à remarquer toutefois que, comme toutes les régions où l'humanité a fini par atteindre au plus haut degré de fortune, les contrées maritimes ont été plus longtemps que les autres un séjour de faiblesse et de misère. Soit que la mer bornât trop l'espace dont les races sauvages ont besoin pour se développer; soit qu'elle leur offrît des moyens de subsistance dont la facilité les empêchait de s'adonner à la culture, toujours est-il vrai que les peuples fixés sur ses rivages ont été des derniers à se policer. En Amérique comme dans l'ancien monde, c'est à l'intérieur des terres que la civilisation commença à apparaître; et elle ne prit racine sur le littoral des mers que lorsqu'elle y fut apportée par des populations qui y arrivèrent en possession de connaissances puisées sur un autre sol.

Ce ne fut pas, par exemple, sur les bords de la Méditerranée que se fit l'éducation des peuples qui, les premiers, osèrent la couvrir de leurs vaisseaux. Araméens d'origine, ces peuples avaient longtemps résidé dans les plaines fertiles de l'Assyrie; leur apprentissage naval, commencé sur l'Euphrate et le Tigre, s'était continué entre les îles du golfe Persique, et déjà leur civilisation était puissante quand ils vinrent s'établir sur les côtes de la Phénicie. Voyez les Grecs! assurément nulle nation de l'antiquité ne s'est montrée plus inventive et plus ingénieuse, et cependant ne fallut-il pas que les navigateurs de Tyr lui enseignassent les premiers préceptes de l'art qu'elle exerça plus tard avec tant d'éclat et de supériorité.

Et qu'on ne voie pas là de simples accidents historiques. Il s'agit, au contraire, d'un fait qui s'est reproduit trop uniformément pour n'avoir pas été le résultat de causes générales. Dans toute l'Asie, les plus anciens foyers de la civilisation se formèrent loin du rivage des mers; et dans les contrées qui en étaient le siége s'accomplirent les découvertes à l'aide desquelles la navigation devint possible. De même en Europe, ni les habitants des côtes de l'Espagne, ni ceux des côtes de la Gaule n'étaient sortis de l'état sauvage quand ils virent apparaître les vaisseaux de Tyr et de Phocée. Enfin, c'est à la longue présence des flottes romaines dans leur voisinage que les races scandinaves durent leur initiation aux connaissances qui les rendirent si redoutables quelques siècles plus tard.

Ces faits ne méritent quelque attention qu'à cause des lumières qu'ils fournissent sur le mode d'opération des circonstances qui ont le plus contribué à différencier la marche des sociétés. A travers des complications et des irrégularités émanées parfois du vice accidentel des institutions, plus fréquemment encore du sort des batailles, la civilisation a poursuivi le cours que lui traçait la diversité des conditions de développement nécessaires à chacune des phases qu'elle a parcourues successivement. Après avoir épuisé les incitations locales appropriées à l'un de ses âges, elle ne continuait à fleurir que sous l'impulsion de nouveaux mobiles; et de là vient que tantôt elle a cessé d'être progressive dans les lieux même où elle venait d'avancer, et tantôt elle l'est devenue dans ceux où elle n'avait pénétré que tardivement.

A partir des temps où elle vint s'établir et croître sur le sol de la Grèce, c'est en Europe seulement que la civilisation a étendu graduellement le cercle de ses conquêtes. Partout ailleurs, elle s'est arrêtée à des limites fixes, ou au delà desquelles elle n'a avancé que par l'effet des exemples de l'Europe. Il est facile d'en constater la raison.

Nulle part, hors de l'Europe, n'existent, dans la mesure suffisante, les conditions diverses dont jusqu'ici le concours a été indispensable aux progrès des sociétés. L'Afrique ne les possède pas. Retranchez-en l'Égypte, un petit nombre de vallées et de terres du littoral, l'Afrique n'a plus que peu de points habitables. C'est la structure même de son sol qui la frappe presque tout entière d'une invincible aridité. Des eaux que le défaut de pentes continues laisse pour la plupart sans écoulement, n'y sèment que çà et là la vie et la fécondité : pas de grands bassins où elles puissent se réunir ; à peine quelques fleuves qui, à travers les roches et les bas-fonds qui obstruent leur cours, ne parviennent pas tous à gagner la mer. Aussi, tandis que les séries de terrasses qui s'étendent entre les massifs de ses montagnes recèlent d'immenses marécages, ses plaines ne sont que des déserts chargés de sable ou jonchés de pierres. Sur un tel sol manquent à la fois et de vastes espaces cultivables, et les facilités de communication que réclame le développement du commerce. D'un autre côté, l'Afrique est le pays où l'établissement des relations maritimes a présenté le plus d'obstacles. Sur les deux océans qui la baignent, des côtes abruptes ou basses n'ont pas les échancrures étroites et profondes dont l'existence a permis et encouragé les premiers essais de la navigation. Dans leur voisinage n'apparaissent pas non plus de terres, d'îles, d'archipels dont la vue et la proximité suscitent le désir de les visiter : on dirait que la nature a tout fait pour séparer les populations africaines du reste du monde, et les confiner dans le séjour inhospitalier où elle les a renfermées.

L'Afrique n'est pas seulement la partie du monde la plus mal partagée en moyens d'activité agricole et mercantile, elle l'est aussi en circonstances de climat. Coupée dans son centre par l'équateur, elle gît presque en totalité sous le soleil tropical, et c'est à pic qu'elle en reçoit les rayons. A cette cause d'élévation excessive de la température, s'en joint une autre qui lui est également particulière : c'est la sécheresse brûlante que ses immenses déserts communiquent aux vents qui les traversent : de là une chaleur dont l'intensité malfaisante est sans égale dans les autres régions de la terre.

C'est surtout dans les contrées échues en partage aux races noires, que tout est obstacle aux progrès des lumières et de l'industrie. Non-seulement des déserts à peu près infranchissables laissent ces races sans communication avec les nations de l'Asie, mais d'autres déserts, formés de plaines desséchées ou de marais impraticables, les séparent en groupes que leur isolement prive des moyens de s'éclairer et de s'entr'aider mutuellement. Vainement des besoins inconnus en de tels climats, vainement des productions d'une diversité que n'admet pas la similitude des lieux et des températures, appelleraient-ils le commerce à se développer, les peuplades dispersées en Afrique auraient à surmonter trop de périls pour entrer en contact régulier, et leurs relations ne sauraient accroître sensiblement ni leur bien-être, ni leurs lumières. Aux races noires n'a été permis jusqu'à présent qu'une seule espèce de travail, l'exploitation des points du sol accessibles à la culture, et leurs découvertes n'ont pu franchir les bornes étroites où les contenait une expérience partielle et toute locale.

Encore est-il juste d'observer que les difficultés contre lesquelles l'agriculteur a à lutter sous les zones torrides, sont en Afrique beaucoup plus graves que partout ailleurs. A des sécheresses qui sur un grand nombre de points durent de huit à dix mois, succèdent des orages et des pluies d'une violence extrême, et à peine si le laboureur a le temps de confier ses semences à la terre.

Dans aucun autre pays non plus ne se trouvent, même dans les parties où la terre est de bonne qualité, si peu d'espaces cultivables. L'eau seule assure les récoltes ; il est impossible aux cultivateurs d'en quitter le voisinage immédiat; mais là se trouve d'ordinaire, dans la puissance extraordinaire de la végétation, une source de difficultés et d'inconvénients. Il faut défendre constamment les champs ensemencés de l'invasion des plantes parasites; à la moindre interruption des travaux, la forêt reprend possession du terrain qui lui a été ravi, et ce n'est qu'à force de labeurs que l'homme en demeure maître.

D'autres fléaux, à peine entrevus dans les régions tempérées, opposent en Afrique, plus encore que dans les contrées équatoriales, de nombreux obstacles à l'extension des bienfaits de l'agriculture. Comme dans tous les pays où les terres bien arrosées sont les seules qui produisent, des espaces d'une immense étendue, abandonnés à la nature, y servent de repaires à des multitudes d'animaux dont les dévastations sont la ruine et l'effroi des campagnes. Tantôt des nuées de sauterelles sortent du désert pour anéantir en un moment jusqu'aux derniers vestiges des moissons; tantôt les bêtes de proie déciment les troupeaux, et, ce qui est plus funeste encore, les herbivores envahissent fréquemment les champs en culture. Toutes les fois que de longues sécheresses ont fait périr les plantes dont ils subsistent, on les voit se précipiter en troupes innombrables sur les récoltes et les dévorer avant leur maturité. Il n'est pas de calamité plus commune et plus redoutée; il n'en est pas qui décourage autant les efforts des populations, et nuise davantage aux progrès de l'aisance et de l'industrie (1).

---

(1) Les ravages exercés par les animaux sont, dans les pays chauds, d'autant plus fréquents et plus nuisibles, que le manque d'eau y force à laisser en friche de plus vastes espaces. Dans l'Inde, où le mal est bien moins grave qu'en Afrique, il est cependant d'une étendue difficile à comprendre pour un Européen. Il est des provinces où les récoltes dis-

On le voit donc : l'Afrique n'offre aux sociétés humaines qu'un champ d'une ingratitude sans exemple. Aucune des conditions dont l'influence heureuse stimule le développement de l'intelligence et de l'industrie, ne s'y trouve active et puissante, et c'est sous l'oppression des conjonctures les plus adverses, que les races qui l'habitent parviennent à y subsister. Doit-on s'étonner qu'elles existent encore dans l'ignorance et la barbarie?

---

paraissent fréquemment sous la dent des buffles, des cerfs, des sangliers, des daims, des éléphants. Les singes, les oiseaux, les rongeurs, les insectes, ne font pas moins de mal. L'arrivée d'une bande de buffles ou d'éléphants suffit pour jeter les populations dans le désespoir; souvent des villages sont abandonnés à l'aspect de pareils hôtes. On trouve, à ce sujet, des détails fort curieux dans le grand ouvrage que publie Montgomery sous la protection et à l'aide des documents officiels fournis par la Cour des Directeurs. Voici une citation qui donne une idée de la gravité du mal et de l'impression qu'il produit sur les populations.

Après avoir parlé des dévastations des animaux herbivores, l'auteur dit (pag. 510, vol. 2): « L'année 1769 fut une année de disette : les ruminants périrent en grand nombre, et les tigres, affamés, se jetèrent sur la ville de Bewhopar (district de Goruckpoor). En peu de jours, ils dévorèrent quatre cents de ses habitants; le reste prit la fuite, et, durant plusieurs années, la ville ne se repeupla pas. Maintenant les tigres détruisent encore sept ou huit personnes et environ deux cent cinquante têtes de bétail par an.

« C'est depuis l'arrivée des Anglais que le nombre des tigres a été réduit au dixième de ce qu'il était auparavant. Toutefois, les avantages de cette réduction sont contestés. Parmi les Indiens, les uns affirment qu'en favorisant la multiplication des daims, elle leur a fait plus de mal que de bien; les autres disent, au contraire, qu'ils y ont gagné en sécurité, ainsi que leurs troupeaux, sans que les ravages des daims soient devenus plus nuisibles qu'ils ne l'étaient antérieurement. »

L'Asie, cette autre patrie des civilisations arriérées, est infiniment mieux partagée. Sur aucun point de quelque étendue, ne s'y réunissent cependant les avantages à l'aide desquels les peuples ont avancé d'un pas sûr et rapide. Indépendamment des solitudes glacées qui longent les mers du pôle, l'Asie contient deux régions bien distinctes, l'une centrale, froide ou tempérée, l'autre essentiellement torride. Or, la première, la seule dont le climat, en multipliant les besoins, sollicite les efforts du travail, se compose à peu près tout entière de steppes et de déserts où des peuples, réduits à la vie nomade et presque sans moyens de communication extérieure, ne sauraient s'agglomérer et cultiver avec fruit les arts et les sciences. C'est dans la région la plus chaude que l'agriculture a son domaine. A partir du bassin de l'Indus, de beaux fleuves répandent la fertilité dans des vallées nombreuses, et dès les temps anciens les populations y ont cultivé le sol et fondé des cités florissantes.

La civilisation pourtant n'y a pris qu'un essor bientôt arrêté. Après avoir été d'une étonnante précocité, elle a cessé d'avancer, et aux conquêtes qui avaient signalé sa période de croissance, ne sont plus venues s'en ajouter de nouvelles. Ici encore, tout a été l'œuvre des circonstances locales.

Des terres dont les parties cultivables rétribuent généreusement les soins qu'elles obtiennent, suffisent pour amener les populations à s'agglomérer en masses compactes, et à jouir des bénéfices de la vie urbaine. Mais cet avantage une fois recueilli, la civilisation ne poursuit sa marche que sous l'impulsion de mobiles qui presque tous ont manqué à l'Asie méridionale. Ni l'industrie ni le commerce n'y étaient assez vivement excités pour répandre largement leurs bienfaits. D'une part, la chaleur du climat, en excluant cette multitude de souffrances et de besoins, qui d'ordinaire appellent le travail à se diversifier, prévenait la plupart des découvertes qui en eussent multiplié et amélioré les fruits. De l'autre, les objets d'échange sont naturellement rares sur un sol dont tous les points appartiennent aux mêmes latitudes. Vainement la mer baigne les rivages de l'Inde et des empires situés plus à l'est ; vainement, à peu de distance, commence un monde entier d'îles de toutes les dimensions, serrées les unes auprès des autres, les peuples de ces contrées diverses ne recueillent pas des produits assez différents pour trouver, dans les échanges auxquels ces produits pourraient donner lieu, des sources abondantes de vie et de prospérité. Aussi leur navigation ne prit-elle que des développements trop médiocres pour les mettre en communication directe avec les parties de la terre où ils auraient rencontré les denrées et les marchandises qu'ils ne connaissaient pas. Sans doute les régions du nord de l'Asie auraient pu offrir un débouché extérieur aux productions du Midi ; mais outre que ces régions ne sont accessibles qu'à des caravanes exposées à de nombreux périls, les nomades qui les habitent ne tirent pas du sol ingrat dont ils disposent les moyens d'alimenter un commerce très-lucratif.

Une seule des nations de l'Asie orientale est arrivée à un degré remarquable d'habileté agricole et manufacturière. Tout ce que nous savons de la Chine atteste que les terres y sont bien cultivées et que les arts industriels y ont acquis une rare activité. C'est qu'en Chine la configuration du sol et les particularités du climat stimulent énergiquement le travail. D'une part, de nombreux et larges fleuves répandent la fécondité et favorisent la circulation des denrées ; de l'autre, à partir des bords de la mer, le sol se relève de telle sorte que toutes les températures se touchent. A côté de provinces où mûrissent les plantes des régions tropicales, s'en trouvent d'autres où les hivers sont âpres, et la capitale même en subit dont la rigueur n'est égalée en Europe que sous des parallèles situés à dix degrés plus au nord. De là, dans un voisinage presque immédiat, des denrées dont la variété anime et multiplie les échanges; de là, pour une partie des populations, des besoins dont le nombre et l'intensité ont enfanté des habitudes de labeur qui se sont propagées de proche en proche. La Chine n'est pas seulement le siège d'un commerce intérieur très-suivi, elle est en communication avec des races qu'elle approvisionne des produits de son industrie, et dont les consommations lui assurent un marché important. Ce qui a manqué à la Chine pour croître progressivement en savoir et en civilisation, c'est le contact avec des contrées à même de lui fournir des lumières propres à vivifier et à compléter celles qu'elle n'a pu tirer que de sa propre expérience.

Au reste, il y a eu pour l'Asie une cause d'immobilité qui a tenu aussi tout entière aux particularités de sa structure territoriale, et qui, à elle seule, eût suffi pour suspendre le cours de la civilisation. De même qu'elle contient des régions dont le sol, la configuration, le climat, diffèrent totalement, l'Asie a des populations opposées de mœurs, d'habitudes, de manière de vivre. Auprès de nations sédentaires, agglomérées, cultivant paisiblement des terres fécondes, subsistent des nations pastorales, remuantes, belliqueuses, endurcies à tous les périls comme à toutes les fatigues. Celles-ci, répandues dans les déserts du Midi, sur les plateaux stériles et froids du centre, dans la plupart des chaînes de montagnes, sont toujours prêtes à se précipiter sur les contrées dont la richesse et le beau ciel excitent leur envie. Aussi l'histoire de l'Asie ne se compose-t-elle que d'une suite d'expéditions accomplies par des hordes farouches qui, après avoir renversé les dominations existantes en élevaient d'autres destinées à éprouver bientôt le même sort. C'est là ce qui a été le fléau des nations les plus capables de progrès. A chacun des bouleversements qu'elles subissaient, des barbares venaient les accabler d'un joug oppressif, et à peine commençaient-elles à réparer leurs désastres, qu'elles redevenaient la proie de nouveaux conquérants. Comptez combien de siècles il a fallu à l'ancien monde romain pour se remettre du choc qu'il reçut, lors de l'établissement dans son sein des peuplades incultes du Nord, et vous aurez la mesure des obstacles que les parties de l'Asie le mieux partagées en moyens de civilisation ont rencontrés dans les invasions, en quelque sorte périodiques, des races nomades qui arrivaient tour à tour leur donner des maîtres.

Autant les conditions les plus essentielles au développement continu de la richesse et de la science sont incomplètes ou rares dans les autres portions de l'ancien monde, autant elles abondent et se combinent heureusement en Europe. Terres fertiles, climats qui stimulent les efforts de l'industrie, facilités de circulation commerciale, tout ce qui appelle la vie et le bien-être, tout ce qui sollicite, encourage, presse l'essor des facultés humaines, y existe dans la plus large mesure.

Parmi les nombreux priviléges de situation réservés à l'Europe, il en est un surtout qui devait infailliblement assurer, aux nations dont elle est le séjour, le développement le plus rapide: c'est cette longue suite de mers qui la séparent de l'Asie et de l'Afrique, et qui, liées à l'Océan par le détroit de Gibraltar, se prolongent de bassin en bassin jusqu'au pied du Caucase. En vain chercherait-on sur le reste du globe un lieu où se trouve une faible partie des avantages attachés à leur emplacement, à leur étendue, à leur configuration. Étroites et sans marées, ces mers sont les seules qui aient offert à la navigation un théâtre parfaitement approprié à ses premiers essais. Du côté de l'Europe principalement, ont été semées comme à dessein toutes les facilités, tous les encouragements dont son enfance avait besoin. Les côtes y sont profondément entaillées; entre les péninsules formées par leurs saillies pénètrent de longs golfes; des multitudes d'îles les flanquent ou se groupent dans leur voisinage, et les marins les plus novices, à l'aspect des nombreux abris qui les attendaient, pouvaient hardiment s'éloigner des rivages. Nulle part non plus ne se concentrent autant de motifs d'activité intellectuelle et physique que sur le littoral de ces mers calmes et riantes. Les produits les plus divers y naissent et y affluent de toutes parts. Tandis que ceux des régions les plus chaudes y arrivent par l'Égypte et les ports de la Syrie, des fleuves partis de tous les points de l'Europe y versent les provenances des climats tempérés ou froids, et tout s'unit pour en favoriser l'échange. Aussi, du moment où l'art de naviguer commença à se répandre, la Méditerranée devint-elle le centre du commerce le plus fécond en prospérités sociales. Entre la plupart des peuples riverains, s'établirent des relations dont ils retirèrent des bénéfices immenses. Avec les marchandises dont l'offre les excitait à ne rien négliger pour multiplier les fruits de leur propre travail, leur arrivaient des lumières et des connaissances qu'ils mettaient à profit, et, sous l'impulsion des mobiles les plus divers et les plus puissants, il y en eut presque toujours quelques-uns qui avançaient à grands pas dans les voies de la civilisation.

Ce qui prouve combien les causes de progrès sont actives et nombreuses sur les bords de la Méditerranée, c'est le long espace de temps durant lequel ils demeurèrent le seul lieu où l'esprit humain étendit le cercle de ses conquêtes. Depuis l'époque où les Grecs apparurent si glorieusement sur la scène du monde, jusqu'à la découverte de l'Amérique, à quelqu'une des nations du littoral européen appartint constamment le sceptre des arts et des sciences. Là se sont accomplies toutes les grandes découvertes qui pendant vingt siècles ont éclairé et réglé la marche de l'humanité.

De nos jours, la civilisation s'est propagée dans toutes les parties de l'Europe; mais, pour aller croître et fleurir dans celles où maintenant elle a le plus d'éclat, il lui a fallu des forces qu'elle n'aurait pu acquérir loin des bords de la Méditerranée. C'est aux progrès dont ils furent le siége que l'art naval a dû les perfectionnements sans lesquels ne se seraient pas accomplies les entreprises des Colomb et des Gama. De la découverte du nouveau monde et d'une route maritime des Indes orientales, date un immense changement dans la situation respective des sociétés européennes. Comme la navigation était assez expérimentée pour que les voyages de long cours n'eussent plus que des périls faciles à conjurer, l'économie des frais de transport décida seule du choix des voies ouvertes au commerce, et les avantages jusqu'alors réservés aux cités de l'Italie passèrent en d'autres mains. Devant des nations puissantes par le nombre s'ouvrirent les plus vastes champs où l'activité humaine se fût encore exercée; elles s'en emparèrent avec promptitude, et bientôt, grâce aux nombreux éléments de richesse qu'elles y trouvèrent, leur civilisation, si longtemps nourrie de lumières empruntées au dehors, prit d'elle-même un élan qui la porta au plus haut degré d'élévation.

Ainsi des avantages de climat et de position géographique dont ne jouit au même degré aucune autre région de la terre, ont fait de l'Europe le théâtre des développements continus de la science et de l'industrie. A l'Europe seule a été dévolu, dès les temps les plus anciens, le soin de conquérir et de répandre les connaissances qui font la grandeur et la puissance des sociétés. Vainement des vicissitudes contraires, des accidents nombreux, sont-ils venus plus d'une fois entraver l'accomplissement de cette belle mission, sur les nations qui l'ont remplie agissaient des influences extérieures trop énergiques pour qu'il leur fût permis de suspendre leur marche. C'est qu'il est entré dans les desseins de la Providence, que la civilisation, à chacun des âges qu'elle a traversés, trouvât quelque part sur la terre un lieu où son essor fût pleinement assuré. C'est là un des gages de l'alliance que Dieu a annoncée à l'humanité; c'est la garantie qu'il lui a ménagée contre les entraînements de ses passions et les conséquences de ses erreurs; c'est le moyen dont il s'est servi pour que le don de la liberté ne pût lui devenir fatal.

Maintenant, la civilisation ne continuera-t-elle ses conquêtes que sur le terrain étroit du monde européen? Des causes locales autres que celles qui en ont déterminé les progrès dans les siècles passés n'agiront-elles pas à leur tour? Des populations jusqu'ici stationnaires ne laisseront-elles pas un jour en arrière celles qui maintenant les devancent? Ce sont là des questions que nous ne nous chargerions pas de décider.

Seulement, il est un petit nombre d'inductions qu'il semble permis de tirer de l'examen des faits accomplis et que nous ferons ressortir en peu de mots.

Il est certain que la civilisation, à mesure qu'elle a grandi, a réclamé des conditions de croissance nouvelles, et que la plupart de ses transformations se sont achevées successivement dans des lieux différents. Souvent même, c'est dans ceux qui semblaient le moins favorables à son essor qu'elle a été croître et fleurir; et certes si on eût annoncé aux plus beaux esprits de la vieille Rome qu'un jour viendrait où elle dépasserait, sous le ciel âpre et brumeux de la Bretagne et de la Germanie, la hauteur qu'elle avait atteinte alors en Grèce, en Italie et dans l'Asie Mineure, l'assertion n'eût pas obtenu la moindre croyance. Aussi n'y aurait-il rien de bien étrange à conclure, des exemples du passé, que la civilisation n'est pas au terme de ses changements de séjour, et que l'avenir la verra tôt ou tard ralentir ou suspendre son cours en Europe. Nous ne pensons pas cependant que pareil fait se réalise jamais. Voici pourquoi.

Plus la civilisation s'est élevée et agrandie, moins les circonstances locales dont elle a jusqu'ici subi l'influence ont conservé d'empire sur sa marche. Aujourd'hui elle a des forces qui non-seulement suffisent pour la maintenir, mais aussi pour assurer ses développements partout où elle se déploie dans toute sa puissance. Ce sont les progrès de la science qui la font avancer; or la science ne saurait désormais cesser ses conquêtes. La science a passé l'âge de l'empirisme; elle est arrivée à celui de l'observation méthodique; elle procède avec régularité aux recherches qui lui restent à faire; et chacune de ses découvertes devient la source de découvertes nouvelles. Pour que la science, dans les contrées où elle est à son apogée actuel, se contentât des lumières qu'elle a recueillies, il faudrait que l'esprit humain y changeât de nature, et perdît jusqu'à ce besoin de connaître, qui lui donne l'impulsion, et dont la vivacité croît toujours en raison même des satisfactions qu'il obtient. Il n'est donc pas à présumer que, dans aucun temps, la civilisation puisse s'arrêter dans les lieux qui en sont le séjour actuel, et quel que doive être l'avenir des autres sociétés, nul doute que celles de l'Europe continueront à briller dans la carrière où depuis tant de siècles elles précèdent et guident le reste de l'humanité.

Mais, quelque certitude que nous ayons à cet égard, de bonnes raisons nous conduisent à admettre que la science et la civilisation iront à la fin vivifier bien des régions arriérées, et les appeler à verser aussi à la masse commune leur contingent d'inventions et de découvertes.

Ce n'est certes pas que nous supposions qu'il doive venir une époque où toutes les différences de constitution physique présentées par les diverses contrées du globe, s'effaceront devant le génie de l'homme, et où la nature, complétement asservie, se prêtera partout avec la même docilité aux exigences du développement social. Loin de là : il est des circonstances locales dont l'action compressive se fera toujours sentir; mais il en est d'autres aussi qui perdront leur puissance, et quelques-unes même qui semblent devoir se convertir en véhicules de progrès, en sources de richesse et de grandeur.

Quelles sont, en effet, les causes de la longue immobilité de la plupart des contrées stationnaires ? Des causes qui, au fond, ne diffèrent pas essentiellement de celles qui ont pesé autrefois sur les pays à présent les plus florissants. Voyez les régions situées sous l'équateur ! Leur stagnation n'a-t-elle pas tenu, d'une part, au manque de relations commerciales, de l'autre, à des influences de climat, qui non-seulement ont empêché l'extension du domaine agricole, mais aussi supprimé une foule de besoins dont l'existence est essentielle à l'activité du travail. Eh bien, il n'y a rien dans tout cela qui ne puisse changer. Déjà les progrès des sciensec maritimes ont donné, à des populations reléguées aux confins du monde, des facilités de trafic égales au moins à celles qui, dans les âges anciens, ont suffi pour répandre la vie sur les rivages de la Méditerranée. Leurs communications avec les pays les plus avancés sont devenues sûres et commodes ; de vastes débouchés ont été ouverts à leurs produits ; toutes les créations du sol et des arts de l'Europe leur arrivent en abondance. Les voilà définitivement sous l'influence d'incitations auxquelles les sociétés ne résistent pas, et dont l'énergie ne peut qu'augmenter; car la navigation a certainement encore des perfectionnements à recevoir.

Quant à ces circonstances de température qui, en confinant la culture dans des limites trop étroites, nuisent à des populations qu'elles empêchent de multiplier et de se répandre plus également sur un sol où tant d'espaces incultes les séparent en groupes, sans contact assez immédiat, leur empire n'est dû qu'à l'état arriéré des arts. C'est par des travaux exécutés à force de bras qu'elles ont été combattues jusqu'ici : or déjà des machines d'une immense puissance sont à la disposition de l'homme ; déjà aussi elles lui permettent de vaincre une partie des résistances devant lesquelles ses efforts ont échoué, et, de ce côté encore, le temps ne fera qu'étendre les moyens d'action dont l'absence a arrêté les progrès du travail.

De tous les obstacles que la civilisation a rencontrés sous la zone torride, le plus difficile à surmonter, c'est, sans contredit, le peu de labeurs à l'aide desquels les populations subsistent sans souffrances. Mais, à défaut de besoins matériels, nombreux et divers, n'en est-il pas de factices, qui, à mesure qu'ils naissent et s'enracinent, agissent avec toute l'efficacité désirable? Le goût du bien-être et du luxe, les exigences de la vanité même, ont leur empire tout comme les rigueurs du froid, et si les efforts qu'ils commandent ne sont pas très-bien dirigés, du moins peuvent-ils contribuer aux progrès de l'activité industrielle. Toutes les sociétés connaissent des besoins factices, celles des pays les plus chauds aussi bien que les autres; chez elles, comme partout ailleurs, ces besoins augmentent avec la richesse, et il suffira qu'elles se familiarisent davantage avec les usages et les créations de l'Europe, pour que le désir de se les approprier les engage à tirer meilleur parti de leur territoire. Ainsi s'affaibliront peu à peu les habitudes de langueur et de désœuvrement qui ont tant contribué à les retenir dans l'indigence, et peut-être, du moment où elles chercheront à les utiliser, les longs loisirs que leur impose l'intervalle des récoltes leur assureront-ils des avantages d'une portée considérable.

Ces considérations sur les chances de progrès que l'avenir pourra ouvrir aux peuples du monde équinoxial, s'appliquent, en partie du moins, à la situation de plusieurs des nations qui ploient encore sous le faix des rudes et nombreuses exigences des climats septentrionaux. Tout semble attester que celles-ci n'attendent pour fleurir que l'assistance d'arts plus avancés encore que ceux dont l'humanité est en possession. Quelques pas de plus dans le champ des découvertes pourront les armer de manière à triompher des obstacles qui arrêtent leur marche, et alors les difficultés de la lutte qu'elles ont à soutenir serviront à développer chez elles une activité de corps et d'esprit qui deviendra une cause puissante de succès.

Certes, nous n'avons pas l'envie de prophétiser, et nous savons que les conjectures que nous hasardons auraient été tenues pour chimériques il n'y a pas un siècle. Mais la grandeur des découvertes dont nous sommes témoins n'annonce-t-elle pas aussi une phase nouvelle de civilisation, des changements dont le monde entier recueillera les fruits. Jamais, à aucune époque, la science n'a fait de si rapides et de si utiles conquêtes; jamais elle n'a mis aux mains de l'homme tant d'éléments de puissance, tant de moyens, d'agents, de facilités de production. Des appareils, des instruments, des machines d'une énergie merveilleuse, suppléent docilement à sa faiblesse physique, et l'immensité des forces qu'il contraint la nature à lui prêter, garantit qu'il achèvera de la subjuguer. Examinez ce qui se passe dans l'Amérique du Nord. De toutes parts, un sol inculte se couvre des monuments de la puissance humaine; des obstacles qui, dans l'ancien monde, ont résisté, durant des siècles entiers, aux efforts des sociétés, disparaissent en un moment; des œuvres dont l'exécution ailleurs a nécessité les efforts de plusieurs générations successives, se terminent en peu d'années, et les populations avancent, à pas de géant, au sein de déserts qu'elles transforment en campagnes florissantes. Eh bien, ce que les arts de l'Europe opèrent dans l'Amérique du Nord, ils pourront l'accomplir dans bien des régions du globe; et là même où leur pouvoir actuel pourrait ne pas suffire encore, le temps, en l'accroissant, l'élèvera graduellement au niveau de la tâche.

La civilisation n'est pas seulement douée d'une puissance inconnue dans les âges précédents, elle a acquis une force d'expansion dont les progrès sont immenses. Dans l'ancien monde, tout était obstacle au libre contact des peuples. Le peu de superflu qu'ils avaient à échanger imposait au commerce des bornes étroites; la rudesse des mœurs rendait les relations incertaines; partout manquaient les moyens de communication par terre, et la piraterie, non moins que l'insuffisance des connaissances navales, ôtait au parcours des mers une partie de ses avantages. Aussi les lumières recueillies sur un point de la terre ne pénétraient-elles qu'avec peine dans les pays voisins; d'ordinaire même, elles n'avaient d'autre véhicule que la guerre ou la colonisation à main armée. Dans le monde moderne, tout favorise, au contraire, les rapports entre les peuples. Les plus longues distances sont franchies sans dangers et à peu de frais. A peine reste-t-il quelques contrées dont l'accès ne soit ouvert; hommes et choses, idées, inventions, marchandises, tout se déplace, tout circule, tout arrive avec célérité aux extrémités du globe.

Rien n'a plus fait, depuis un quart de siècle, pour la prospérité de l'Europe, que la facilité croissante des communications. Grâce à la multiplicité des relations établies entre les sociétés qu'elle renferme, l'Europe est arrivée à former une vaste communauté, dans laquelle les avantages acquis deviennent le patrimoine de tous. Aux populations de l'intérieur parviennent les fruits d'une activité maritime qui leur est étrangère; à celles qui ne sont encore qu'agricoles arrivent les produits et les connaissances des contrées manufacturières. Il n'est plus une idée, une invention, une découverte qui ne se propage hors du lieu où elle s'est fait jour; et non contentes de l'échange des trésors de la science, les nations en sont venues à s'approvisionner mutuellement de biens plus matériels, de capitaux, à l'aide desquels les moins riches réalisent une multitude d'améliorations, qu'elles ne pourraient effectuer sans le concours de ressources amassées hors de leur propre sein.

C'est cette situation, si profitable à l'Europe, que tout annonce devoir s'étendre à d'autres parties du monde. A peine reste-t-il maintenant quelques régions où les Européens ne portent leurs usages, leurs lumières, leurs capitaux, leur ardente et féconde activité. Maîtres d'une vaste portion de l'Asie méridionale, leur présence y répand la vie et le mouvement. Partout ailleurs, ils ont des colonies, des établissements militaires, des comptoirs, des agents, des relations directes et continues, et partout aussi on s'accoutume à reconnaître leur supériorité, à consommer leurs produits, à envier leurs arts, à imiter leurs exemples. Ainsi, l'impulsion est donnée : au sein des populations les plus stationnaires pénètrent les connaissances d'une civilisation avancée; c'en est assez pour garantir que ces populations sortiront enfin du cercle étroit des idées et des occupations dans lequel elles sont restées captives depuis tant de siècles.

Est-ce à dire que de tels changements vont tous s'accomplir sous nos regards? Assurément non. Il y a toujours quelque chose, chez les peuples, qui résiste longtemps à l'ascendant des lumières et des exemples venus du dehors : ce sont les goûts, les penchants, les sentiments qu'ils tiennent du passé ; et souvent, avec quelque abondance que leur soient prodigués les bienfaits de l'instruction, plusieurs générations s'écoulent, avant qu'ils aient acquis les habitudes intellectuelles et morales sans lesquelles leurs progrès demeurent lents et bornés. Aussi, tout ce que nous croyons pouvoir affirmer, sans risque d'erreur, c'est que les obstacles devant lesquels s'est arrêté l'essor d'un grand nombre de sociétés, disparaîtront successivement, pour ouvrir à la civilisation un champ où elle croîtra en toute liberté.

Terminons, en récapitulant les résultats des recherches que nous avons entreprises.

Les sociétés ont rencontré des fortunes diverses. Ce n'est pas que toutes les races auxquelles elles appartiennent, ne soient également perfectibles ; ce n'est pas non plus que leur sort ait dépendu complétement du degré de raison qu'elles ont mis dans l'usage de leur liberté ; c'est parce que les causes et les moyens de la prospérité humaine n'ont pas été distribués dans la même mesure sur tous les points du globe.

De même que chaque pays a des lieux privilégiés, où se réunissent des avantages qui invitent les populations à s'y concentrer, et en font les principaux foyers de l'activité nationale ; de même, il y a sur la terre des régions où les sociétés, tout entières, ont trouvé, en plus grande abondance que partout ailleurs, les éléments de richesse et de puissance, les incitations et les facilités que nécessitait leur développement. Là, le génie humain a pris son plus vif et plus brillant essor ; là se sont effectuées les conquêtes successives à l'aide desquelles la civilisation a déployé sa puissance et étendu son empire.

Il est à remarquer cependant que les véhicules dont la civilisation a eu besoin, ont différé suivant son degré d'avancement, et ne se sont pas non plus rencontrés tous sur les mêmes points de la terre. De là, ses fluctuations et ses déplacements. Des contrées où s'était accomplie une de ses phases, ne contenaient pas les conditions qui lui eussent permis d'en accomplir une seconde ; des contrées dont la rudesse avait arrêté ses premiers pas, les lui offraient au contraire, et, de nos jours, c'est sous des climats où elle n'a pénétré que tardivement, et grâce à un degré de maturité qu'il lui était interdit d'y acquérir, qu'elle poursuit le cours de ses progrès.

Assurément il semblerait licite de conclure, de ces faits, qu'elle n'est pas au terme de ses déplacements, et qu'il est réservé, à des contrées où elle ne fleurit pas encore, de lui fournir, avec de nouveaux mobiles, les conditions de croissance que l'avenir lui rendra nécessaires.

Quoi qu'il en puisse arriver, il n'est nullement à présumer cependant qu'elle cesse jamais d'avancer dans les pays qui maintenant sont le siége de ses progrès. Mûrie par les travaux de tant de siècles et de générations, la civilisation est enfin armée de manière à ne plus dépendre autant des influences locales, et, dès à présent, les forces dont elle est en possession suffisent pour garantir qu'elle croîtra de plus en plus sur le sol de l'Europe. C'est l'essor des arts et des sciences qui détermine son mouvement ascendant. Or les sciences n'en sont plus à l'âge de l'empirisme et des conceptions hypothétiques; appuyées maintenant sur des notions positives, guidées par des lumières étendues et nombreuses, le succès de leurs recherches est assuré, et les découvertes qu'elles réalisent ne sauraient manquer d'ajouter graduellement aux moyens de bien-être et de puissance que déjà elles ont mis à la disposition des sociétés. Aussi, ce qu'il y a de plus vraisemblable, c'est que la civilisation, tout en allant répandre ses bienfaits sur les régions qui n'en jouissent pas encore, n'en continuera pas moins à avancer dans les autres, et que ses conquêtes deviendront d'autant plus rapides, qu'elles s'accompliront à la fois dans un plus grand nombre de lieux et sous des climats plus divers.

TYPOGRAPHIE DE FIRMIN DIDOT FRÈRES,
IMPRIMEURS DE L'INSTITUT, RUE JACOB, 56.

www.ingramcontent.com/pod-product-compliance
Lightning Source LLC
LaVergne TN
LVHW051506090426
835512LV00010B/2383